QIYE JISHU CHUANGXIN CUOWU XITONG
FENXI ZHENDUAN YU XIAOCUO

企业技术创新错误系统
分析、诊断与消错

边云岗 著

中山大学出版社
SUN YAT-SEN UNIVERSITY PRESS

·广州·

版权所有　翻印必究

图书在版编目（CIP）数据

企业技术创新错误系统分析、诊断与消错/边云岗著.—广州：中山大学出版社，2020.11

ISBN 978-7-306-06978-8

Ⅰ.①企… Ⅱ.①边… Ⅲ.①企业—技术革新—系统分析 Ⅳ.①F273.1

中国版本图书馆 CIP 数据核字（2020）第 186610 号

出 版 人：王天琪
策划编辑：金继伟
责任编辑：黄浩佳
封面设计：曾　斌
责任校对：唐善军
责任技编：何雅涛
出版发行：中山大学出版社
电　　话：编辑部 020-84110771，84110283，84111997，84110771
　　　　　发行部 020-84111998，84111981，84111160
地　　址：广州市新港西路 135 号
邮　　编：510275　　传　真：020-84036565
网　　址：http://www.zsup.com.cn　E-mail：zdcbs@mail.sysu.edu.cn
印 刷 者：广州一龙印刷有限公司
规　　格：787mm×1092mm　1/16　11.25 印张　280 千字
版次印次：2020 年 11 月第 1 版　2020 年 11 月第 1 次印刷
定　　价：48.00 元

如发现本书因印装质量影响阅读，请与出版社发行部联系调换

序　言

随着市场竞争程度的日益加剧，企业开展技术创新的必要性不言而喻，但技术创新项目的高失败率和高损失率又使很多企业望而却步。大量事实表明，企业技术创新从构思到创新产品投入市场的每一环节都有失败的可能。一旦某一环节出现错误，如果不能及时发现和阻止它们，就会波及其他环节，形成错误链，最终会造成整个项目的失败。古人云："人非圣贤，孰能无过？"每个人、每个组织几乎每天都要犯下一些或大或小的错误，与此同时，几乎时时、处处、人人都在跟错误做斗争。显然，企业在技术创新过程中发生错误也是在所难免的，因此，技术创新成功的关键在于掌握系统的方法，有效识别错误，并在关键时刻做出正确的决策，及时打断错误链，防止错误的蔓延。

迄今为止，现有文献大多集中在企业技术创新成功的关键因素和实证分析上，很少有人将焦点放在导致企业技术创新失败的错误行为上。错误与正确形成了一对矛盾的两个方面，构成了人类认识中的一个环节，并且从另一方面激发人们去思考问题和探索真理。20世纪80年代以来，广东工业大学郭开仲教授及其团队创立并逐步完善的消错学理论，以一般错误为对象，研究了错误的识别、发生原因和机制、传递和转化规律，以及消除错误的方法等，为人们研究各领域的错误奠定了理论基础。错误为失败之源，失败乃成功之母。可见，研究错误，意在成功。因此，本书将企业技术创新和消错学相结合，就如何对企业技术创新错误系统进行分析、诊断和消错展开研究，旨在为企业逐步规范技术创新管理体系，尽可能减少技术创新失败提供参考和建议。

本书共分七章，其中前两章是研究基础。第1章主要介绍了本书的研究背景、研究问题和研究思路，读者可以从中初步了解本书的概貌和研究脉络。第2章对相关研究文献进行梳理和评述，对本书涉及的相关概念和方法进行了界定和说明，为后续章节的研究奠定理论基础。第3章至第7章是本书研究的核心，按照"分析—诊断—消错"的逻辑进行内容组织。

第3章和第4章属于分析环节，提出企业技术创新错误系统的全方位分析框架。将目前企业技术创新研究中相对独立的要素进行整合，抽象为一个包含条件、结论、功能和关系子系统的对象系统进行全面深入分析，并从投入产出角度，构建企业技术创新错误系统的输入错误、输出错误、效率错误和风险错误的判别规则，从整体上判别企业技术创新系统的错误。

第 5 章和第 6 章属于诊断环节，对企业技术创新错误系统进行两级诊断。本书认为企业技术创新错误是创新个体在情境状态不良和组织管理失效的影响下，由自身因素触发而产生的人因错误。个体因素是人因错误的直接致错因子，组织错误是造成人因错误的根源，只有从源头上消除错误，才可以防患于未然。因此，对技术创新错误系统的诊断包括人因错误识别（第 5 章）和组织错误追溯（第 6 章）两个层次。人因错误识别是企业技术创新错误系统的表层诊断，组织错误追溯是企业技术创新错误系统的深层诊断。

第 7 章属于消错环节，构建企业技术创新组织错误的消错策略生成系统。积极寻求有效的组织错误消错策略是企业从源头上解决技术创新问题的关键，科学合理的消错策略有助于企业逐步规范技术创新管理体系，从而降低人因错误发生的可能性。

该研究成果是消错学在企业技术创新管理领域的深化和具体应用。由于企业在技术创新过程中总是充满了酸甜苦辣，无论作为创新领导者，还是创新参与者，希望本书在你感到迷惘的时候，能够助你理清思路，指明方向；当你意气飞扬的时候，能够给你预警，让你提前预防创新道路上可能存在的潜在错误。

本书是在广东省哲学社会科学学科共建项目（GD14XGL01）和五邑大学青年基金项目（2014ZK01）资助下完成的。本书能够得以问世，得到许多人的支持和帮助。但由于作者水平有限，书中难免存在一些疏漏，欢迎各位读者批评指正。

边云岗
于五邑大学
2018 年 9 月

目 录

1 绪论 ··· 1
　1.1 研究背景与意义 ··· 1
　　1.1.1 研究背景 ··· 1
　　1.1.2 研究意义 ··· 4
　1.2 研究问题与技术路线 ·· 4
　　1.2.1 研究问题 ··· 4
　　1.2.2 技术路线 ··· 5
　1.3 研究的创新点 ··· 7
　1.4 框架结构 ·· 8

2 相关文献综述 ·· 9
　2.1 企业技术创新系统研究 ··· 9
　　2.1.1 技术创新 ··· 9
　　2.1.2 企业技术创新系统 ······································ 11
　　2.1.3 企业技术创新机制 ······································ 12
　2.2 组织错误研究 ·· 14
　　2.2.1 人因错误 ·· 14
　　2.2.2 组织错误 ·· 16
　　2.2.3 组织错误与人因错误的关系 ·························· 19
　2.3 消错理论研究 ·· 20
　　2.3.1 不同领域的消错探索 ··································· 20
　　2.3.2 消错理论基本概念 ······································ 20
　　2.3.3 消错方法 ·· 24
　2.4 本章小结 ··· 25

3 企业技术创新系统分析 ·· 26
　3.1 条件子系统分析 ·· 26
　　3.1.1 外部条件 ·· 26

3.1.2　内部条件 …………………………………………… 31
　3.2　结论子系统分析 ……………………………………………… 33
　　　3.2.1　创新项目选择与决策阶段结论 …………………… 34
　　　3.2.2　技术开发与样品试制阶段结论 …………………… 35
　　　3.2.3　产品中试与批量生产阶段结论 …………………… 36
　　　3.2.4　市场开拓与产品销售阶段结论 …………………… 37
　3.3　功能子系统分析 ……………………………………………… 38
　　　3.3.1　经济价值功能 ………………………………………… 38
　　　3.3.2　技术价值功能 ………………………………………… 38
　　　3.3.3　社会价值功能 ………………………………………… 39
　3.4　关系子系统分析 ……………………………………………… 39
　　　3.4.1　决策系统 ……………………………………………… 40
　　　3.4.2　资源系统 ……………………………………………… 41
　　　3.4.3　组织系统 ……………………………………………… 43
　　　3.4.4　规则系统 ……………………………………………… 44
　3.5　本章小结 ……………………………………………………… 46

4　企业技术创新错误系统判别规则 ………………………………… 47
　4.1　判别系统输入错误的规则 …………………………………… 47
　　　4.1.1　系统输入要素 ………………………………………… 47
　　　4.1.2　系统输入错误的判别规则 …………………………… 49
　4.2　判别系统输出错误的规则 …………………………………… 50
　　　4.2.1　系统输出形式 ………………………………………… 50
　　　4.2.2　系统输出错误的判别规则 …………………………… 51
　4.3　判别系统效率错误的规则 …………………………………… 52
　　　4.3.1　企业技术创新效率界定 ……………………………… 53
　　　4.3.2　企业技术创新效率测度 ……………………………… 54
　　　4.3.3　系统效率错误的判别规则 …………………………… 59
　　　4.3.4　应用实例 ……………………………………………… 62
　4.4　判别系统风险错误的规则 …………………………………… 64
　　　4.4.1　企业技术创新风险界定 ……………………………… 64
　　　4.4.2　风险增益与风险损失 ………………………………… 65
　　　4.4.3　临界风险度与最佳风险度 …………………………… 67
　　　4.4.4　系统风险错误的判别规则 …………………………… 68

  4.4.5 应用实例 …………………………………………… 69
 4.5 本章小结 ………………………………………………… 71

5 企业技术创新系统人因错误诊断 …………………………… 72
 5.1 人因错误形成机理 ……………………………………… 72
  5.1.1 人因错误的滋生土壤 …………………………… 72
  5.1.2 人因错误的产生过程 …………………………… 73
  5.1.3 人因错误的表现形式 …………………………… 74
 5.2 企业技术创新系统构建 ………………………………… 76
  5.2.1 基本概念与假设 ………………………………… 77
  5.2.2 系统要素间的关联关系 ………………………… 80
  5.2.3 系统的基本结构 ………………………………… 81
 5.3 人因错误传递规律 ……………………………………… 86
  5.3.1 人因错误传递的关键要素 ……………………… 86
  5.3.2 人因错误传递基本模型 ………………………… 88
  5.3.3 应用实例 ………………………………………… 91
 5.4 人因错误源定位方法 …………………………………… 95
  5.4.1 基本概念与假设 ………………………………… 95
  5.4.2 人因错误的寻因定位 …………………………… 96
  5.4.3 应用实例 ………………………………………… 97
 5.5 人因错误评价与消错决策 ……………………………… 99
  5.5.1 人因错误评价 …………………………………… 99
  5.5.2 人因错误消错决策 ……………………………… 102
  5.5.3 应用实例 ………………………………………… 104
 5.6 本章小结 ………………………………………………… 106

6 企业技术创新系统组织错误识别 …………………………… 107
 6.1 组织错误的类型 ………………………………………… 107
  6.1.1 组织错误分类基础 ……………………………… 107
  6.1.2 组织错误分类体系 ……………………………… 109
  6.1.3 组织错误表现模式 ……………………………… 111
 6.2 组织错误对人因错误的作用机制 ……………………… 113
  6.2.1 组织定向的人因错误致错路径 ………………… 113
  6.2.2 人因错误的致错因子分析 ……………………… 114

    6.2.3 组织定向的人因错误因果模型 …………………… 117
  6.3 组织错误识别方法 ……………………………………………… 124
    6.3.1 人因错误事件调查 …………………………………… 126
    6.3.2 人因错误事件过程模拟 ……………………………… 126
    6.3.3 人因错误事件屏障分析 ……………………………… 127
    6.3.4 人因错误事件组织错误追溯 ………………………… 128
    6.3.5 应用实例 ……………………………………………… 129
  6.4 本章小结 ………………………………………………………… 134

7 企业技术创新系统组织错误消错策略 ……………………………… 135
  7.1 基本变换消错概述 ……………………………………………… 135
    7.1.1 基本变换的逻辑命题 ………………………………… 135
    7.1.2 基本变换的对象 ……………………………………… 137
    7.1.3 基本变换的原则 ……………………………………… 138
  7.2 组织错误消错策略 ……………………………………………… 139
    7.2.1 组织错误状态描述 …………………………………… 139
    7.2.2 基本变换的推理规则 ………………………………… 142
    7.2.3 消错策略的生成与选优 ……………………………… 144
  7.3 组织错误消错策略应用实例 …………………………………… 145
    7.3.1 实例概况 ……………………………………………… 145
    7.3.2 组织错误分析 ………………………………………… 147
    7.3.3 组织错误消错策略 …………………………………… 149
  7.4 本章小结 ………………………………………………………… 156

结论与展望 …………………………………………………………………… 157

参考文献 ……………………………………………………………………… 160

后　记 ………………………………………………………………………… 171

1 绪　　论

1.1 研究背景与意义

1.1.1 研究背景

1. 企业技术创新的必要性

随着经济全球化和市场经济的日益成熟，消费者需求不断变化，产品生命周期日益缩短。企业要想在市场中赢得竞争优势，必须通过技术创新不断改善工艺、开发新产品以适应日趋激烈的市场竞争。毫无疑问，技术创新已逐渐成为企业提高竞争力的有效手段，是企业谋求生存与发展的重要源泉和动力。许多公司将他们迅速崛起和现在的财富归因于不断的技术创新，如英国葛莱素史克公司凭借一种治疗溃疡药物的研发，由一家中型的制药作坊逐步攀升到世界制药业第二的位置；微软公司DOS操作系统的发展，将一个1982年还无人知晓的、处于起步阶段的小公司推向了蓬勃发展的阶段，随后微软公司成功地推出了几种流行的视窗操作系统软件，成为软件行业的巨人，引领行业发展至今。目前，新产品的研发与制造、工艺的改革与完善，遍及世界的每一个角落，无论是从家用电器到生物制药，从炸薯片到电子产品，还是从计算机软件到硬件等，技术创新无处不在。很多知名大企业，如国内的华为、联想等，国外的IBM、通用电器、英特尔等，都是不断推出新产品和新技术以求在竞争中立于不败之地。据《2012年中国发明专利申请受理和授权年度报告》[1]统计，2012年，国内企业发明专利申请受理量约31.6万件，比上年增长36.6%，占国内发明专利申请总量接近六成，较2011年提高3.4个百分点；国内企业发明专利授权为近7.9万件，比上年增长34.8%，占国内发明专利授权总量的54.7%，较2011年提高2.8个百分点。近10年来，国内企业发明专利申请受理和授权量双双以高于20%的速度增长（图1-1），申请、授权量所占比重呈现平稳上升态势（图1-2）。显然，随着经济发展方式的转变，我国企业正积极发挥市场主体作用，自主创新能力与日俱增，技术创新主体地位逐步确立。

2. 企业技术创新的高失败率

由于技术创新是企业生存和发展的动力源泉，因此许多企业在技术创新上

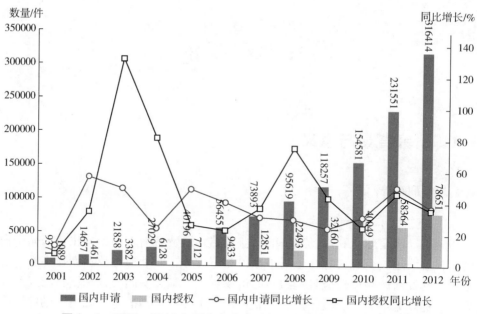

图 1-1 2001—2012 年国内企业发明专利申请受理和授权情况[1]

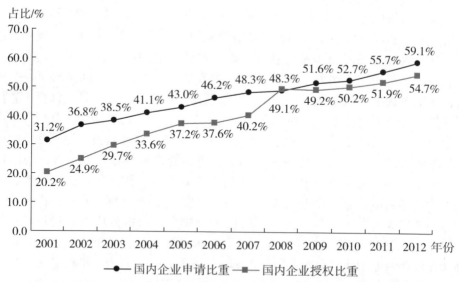

图 1-2 2001—2012 年国内企业发明专利申请受理和授权量所占比重[1]

都投入了很高的热情，并采取了行动。企业技术创新是一项面向未来且具有探索性的活动。由于外部环境的不确定性、项目本身的复杂性，以及决策者和管理者认知能力的有限性等，技术创新往往具有高风险性，失败客观存在。残酷的现实表明，大部分新产品未能进入市场，其失败比例在30%～40%之间[2]。据美国的一项调查资料显示，高科技企业只有60%左右的研究开发计划在技术上获得成功，而在技术上获得成功的研发计划中只有30%能够推向市场，而推向市场的高科技产品中仅有12%是最终成功的[3]。著名营销专家菲利普·科特勒（Philip Kotler）曾提到，美国无线电公司在开发电视游戏机时损失了5.75亿美元；福特公司在开发新型"伊德斯尔"汽车时损失了3.5亿美元；法国研发协和式飞机甚至永久收不回投资，等等[4]。可见，技术创新的失败率和损失率是很高的。目前，我国企业技术创新活动和技术创新效果同样不容乐观，究其原因，有企业决策者的创新愿望和创新倾向不强烈、企业技术能力不足、创新资金短缺、创新人才匮乏、科技成果成熟度低、市场机制不健全，以及国家的技术创新政策力度不够等。但客观地总结企业技术创新失败的教训，归根究底是由个体的技术创新行为出现错误造成的，即人因错误。企业技术创新作为一个复杂的社会经济系统，其中从事技术创新活动的个体并不是一个孤立个体，而是作为组织中的一员而存在，任何个体造成的错误都是在一定的情境和组织管理环境下发生的。当个体的行为发生某种错误，若没有及时发现和控制，就会逐步转化成管理制度、规则、程序、政策、战略决策等缺陷，从而形成组织错误；反过来，组织错误会进一步诱发人因错误，形成恶性循环，从而增加企业技术创新项目的失败率。

3. 中国企业技术创新管理存在的问题

目前，我国企业技术创新活动的管理水平还普遍偏低，对技术创新活动的管理能力已成为制约企业开展技术创新工作的重要因素。分析我国企业技术创新管理现状，主要存在如下问题[5]：

（1）重视日常生产经营管理，忽视技术创新活动管理。许多企业从高层决策者、中层管理者，到处于一线的车间主任、班组长，过分注重有助于当前经济效益实现的生产和销售等活动，对涉及长远的、关系到企业发展后劲的技术创新活动没有给予足够的重视，更谈不上对其进行有效管理了。究其原因，主要是企业领导者的创新愿望和创新倾向不够强烈，对企业管理者的激励和约束机制不健全，导致管理者短期行为严重，缺乏对企业长远发展问题的关注。

（2）重视技术创新实际工作开展，忽视技术创新过程管理。许多企业经营决策者对技术创新热情高涨，积极上马各种创新项目，开展各项具体工作，却忽视对技术成果的科学论证，缺乏对创新项目的风险分析，以及对技术创新过程中各环节、各参与单位和部门的组织、协调和管理，从而导致技术创新失败频频发生，出现"亡羊补牢，为时已晚"的结局。实际上，企业技术创新活动中很大一部分风险和失误是可以通过科学的论证、认真的调研、周密的组织和管理防患于未然的。

（3）重视部门管理制度的制定，忽视全面创新管理体系的建立。在企业开展技术创新过程中，很多企业都是职能部门各自为政，通过本部门的管理制度来规范和约束其负责的技术创新活动，缺乏对技术创新系统的整体考虑，这样就会在技术创新系统的运行过程中出现推诿扯皮、相互抱怨等不良现象。实际上，企业创新资源的配置、创新决策的优化、创新组织的设计、创新过程的监控、创新风险的评价、创新产品的生产与营销等并不是某个人或某个部门的事情，真正成功的技术创新管理是全员参与、全过程的动态管理，这必然需要企业逐步建立和完善全面系统的创新管理体系。

（4）重视传统管理方法的运用，忽视管理创新工作的开展。目前，很多企业在技术创新浪潮的背景下，只把着眼点盯在了工艺创新和产品创新上，一味地投入巨资引进新技术，开发新产品，却忽视了自身管理创新能力的提升。实际上，管理创新是企业技术创新的基础和保证，只有对管理的不断改进和创新，实现管理创新与技术创新的协同，才能保障技术创新项目的成功。

1.1.2 研究意义

在竞争日益激烈的市场环境下，企业开展技术创新势在必行。但大量研究表明，企业技术创新从新颖的构思到创新产品投入市场的一系列过程中，每一环节都有失败的可能。企业技术创新活动是一项涉及多部门、多环节的系统工程，欲使其顺利进行，必须进行高效的管理。从控制论的角度讲，管理是通过反馈消除系统运行的偏差，是对系统稳定实现预期目标的有效控制。若管理本身出现漏洞或错误，则系统会缺乏正常的反馈机制，无法消除偏差，最终难以达到预期目标。显然，企业若能及时发现技术创新系统中的组织错误，即管理错误，并采取积极有效的措施进行纠正，从源头上消除隐患，防患于未然，将会大大降低技术创新项目失败的可能，减少因失败而造成的巨大损失。但目前很少有人对企业技术创新系统中的错误进行立体思考、多维研究，以及全方位的系统分析，这不得不说是企业技术创新领域的缺憾。因此，研究企业技术创新系统中组织错误的识别和消错方法对于企业在技术创新过程中及时发现并有效解决问题，从而不断完善技术创新管理体系具有应用价值和现实意义。

1.2 研究问题与技术路线

1.2.1 研究问题

本书认为：企业技术创新系统中创新个体的行为不仅受心理、生理和能力等自身因素的制约,而且受情境状态和组织因素的影响。因此,仅凭对人因错误的表面消除,难以提出有效的预防对策,需要进一步追溯造成人因错误背后的组织错误,从源头上消除错误,防患于未然。因此,为了实现企业技术创新系统中人因错误根源的追溯与消错处理,本书主要从四个方面进行研究。

1. 企业技术创新错误系统的全方位分析

该部分首先将企业技术创新抽象为一个对象系统进行全方位分析,具体包括条件子系统、结论子系统、功能子系统和关系子系统,以建立企业技术创新系统的分析范式;然后从系统目的功能实现的角度,即投入产出的过程来构建企业技术创新错误系统的判别规则,包括系统输入、系统输出、系统效率和系统风险四个方面,旨在从系统层面判断企业技术创新系统是否存在错误。

2. 企业技术创新错误系统中人因错误的诊断

该部分首先依据一般系统结构理论和图论,构建企业技术创新系统结构的有向图模型;然后基于人的认知过程,分析企业技术创新系统中人因错误的形成机理,揭示人因错误模式;接着以企业技术创新错误系统为对象,探究人因错误传递的基本规律,并在有向图上通过逆向逻辑推理,设计人因错误诊断算法,对人因错误源进行准确定位;最后以消错学的错误函数和运筹学的线性规划为工具,通过建立人因错误综合评价模型和消错决策优化模型来确定需要进一步调查分析的人因错误事件。

3. 人因错误背后的组织错误根源追溯

该部分首先通过调查研究,对造成企业技术创新系统论域、要素、结构、规则四个方面出现错误的组织因素进行分类;然后通过分析"组织因素→个体因素→人因错误"的因果关系探究组织错误对人因错误的作用机制;最后借助于根原因分析方法,综合事件和原因因子(event & cause factor,E&CF)图和屏障分析图技术,对确定需要调查的人因错误事件进行追本溯源,探索隐藏在其背后的潜在组织错误。

4. 企业技术创新系统中组织错误的消除

该部分基于消错学的变换理论,通过发散思维,研究对组织因素的基本变换和复合变换,实现企业当前的组织失效状态向期望状态转化,以此构建企业技术创新组织错误的消错策略生成系统,通过具体的消错策略促使企业技术创新管理体系逐步走向规范和科学。

1.2.2 技术路线

本书采用定性与定量相结合、理论研究与实证分析相结合的综合集成方法展开研究,思路上以剥茧抽丝的方式逐层推进,具体技术路线如图1-3所示。

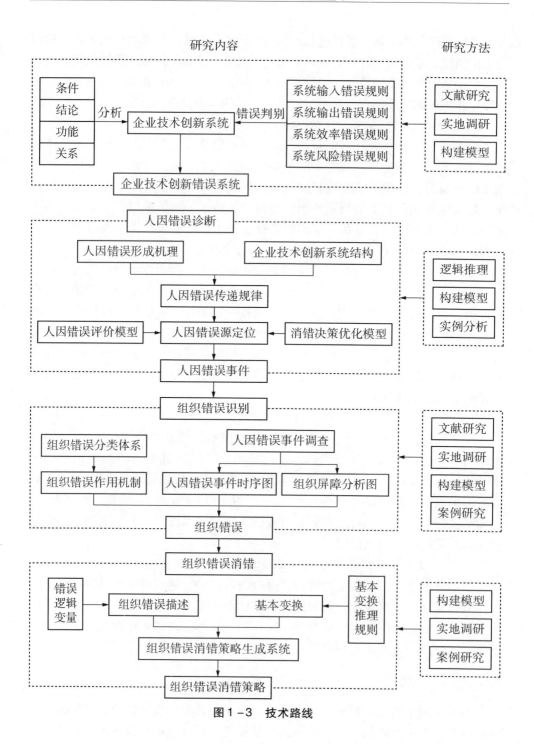

图1-3 技术路线

1.3 研究的创新点

本书借助组织错误理论和消错理论，研究了企业技术创新错误系统的组织错误追溯和消错方法。从理论上讲，不仅是对组织错误理论和消错理论应用的进一步拓展和深化，而且提出了企业技术创新管理研究的全新视角。

1. 企业技术创新系统研究的全新视角

目前，企业技术创新管理研究主要关注企业技术创新能力、风险、绩效的评价以及管理体系等方面的研究。现有文献往往关注企业技术创新的成功，大多集中于技术创新成功的关键因素和实证分析上，很少有人关注导致企业技术创新失败的错误行为，相关文献更是凤毛麟角。本书反其道行之，从错误角度对技术创新管理系统进行全方位研究，提出了企业技术创新错误系统分析的全新框架，开拓了技术创新管理的研究视野，有助于丰富技术创新管理的研究内容。

2. 组织错误理论研究的拓展和深化

"组织错误"自英国曼彻斯特大学心理学家詹姆斯·瑞森（James Reason）在《人因错误》一书中提出并建立复杂系统事故因果模型[6]以来，主要应用于航空、铁路运输、核电站、化工厂，以及其他与机械设备有关的复杂工业系统中事故的实证分析，几乎没有人将这种思路扩展到帮助企业避免商业灾难上去，无论是具体操作性的还是战略性的。因此，本书通过企业技术创新错误系统的诊断，追溯技术创新人因错误背后的组织错误根源，进一步拓展和深化对组织错误理论的研究。

3. 消错理论应用的进一步深化

消错学[7]自20世纪80年代创立以来，被国内学者誉为"中国首创五大新兴智能基础学科之一"[8]，在理论深入和实践应用方面存在巨大的研究空间。近年来，消错学已被初步应用于各种领域来解决实际问题，如判别企业固定资产投资决策错误[9]、证券投资风险[10-11]、组织沟通错误[12]、企业危机管理[13]、软件项目管理[14]等应用领域，但应用层次不够深入，大多局限于对相关概念和理论的套用。此外，目前对于复杂问题的决策分析和处理过程，大多数研究聚焦于若干既定策略的评价和选优，缺乏对策略是如何生成的这一思维过程的考究。因此，本书将以企业技术创新管理系统中的组织错误为对象，借助于消错学的基本变换理论，提出消错策略生成系统的概念模型，并进行相应的实例分析，进一步深化消错理论的应用。

1.4 框架结构

本书将企业技术创新错误系统作为研究对象，以发现和解决企业技术创新系统中人因错误背后的组织错误根源，并通过消错不断完善技术创新管理体系为目标来开展研究。本书按照"提出问题—分析问题—解决问题"的思路，共分为七个章节，具体框架结构如图1-4所示，读者可以从中了解著作的整体研究脉络。

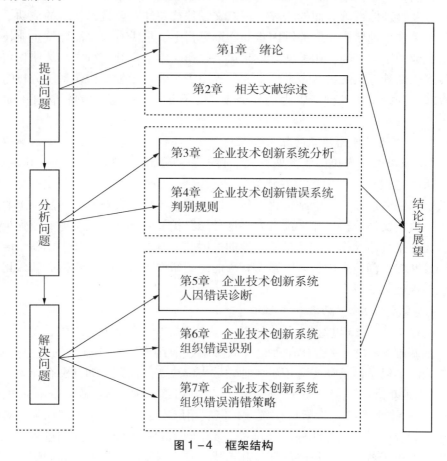

图1-4 框架结构

2 相关文献综述

2.1 企业技术创新系统研究

2.1.1 技术创新

创新概念是由美籍奥地利经济学家约瑟夫·熊彼特（J. A. Schumpeter）在《经济发展理论》[15]中率先提出来的，他认为创新是经济发展的根本动因，并指出创新是在经济活动中引入新思想、新方法以实现生产要素新的组合，从而形成一种新的生产能力，主要包括五个方面：①引入一种新产品或者赋予产品一种新组合；②引入一种新的生产方法，主要体现为生产过程中采用新的工艺或新的生产组织方式；③开辟一个新市场；④获得原材料或半成品新的供应来源；⑤实现一种新的工业组织。此后，许多学者将创新研究的焦点从宏观层次的经济增长转向企业微观层次的创新活动。20 世纪 50 年代，索罗（Solow）对技术创新理论进行了全面研究，尤其是通过对熊彼特理论的系统评论，认为技术创新的成立需要满足两个条件，即新思想来源和以后阶段的实现发展[16]。索罗的"两步论"观点对技术创新的研究具有里程碑式的意义。20 世纪 60 年代，林恩（Lynn）基于创新时序过程的视角，认为技术创新是"始于对技术的商业潜力认识而终于将其完全转化为商业化产品的整个行为过程"[17]。20 世纪 80 年代中期，缪尔塞（R. Mueser）经过系统地整理和分析几十年来关于技术创新的多种观点，将技术创新看作以构思新颖性和成功实现为特征的有意义的非连续性事件[17]。美国国家科学基金会（National Science Foundation of USA，NSF）的报告将技术创新定义为技术变革的集合，认为技术创新是一个复杂的过程，从新思想和新概念开始，通过不断地解决各种问题，最终使一个有经济价值和社会价值的新项目得到实际的成功应用[16]。

国内学者对于企业技术创新的研究始于 20 世纪 80 年代，具有代表性的观点主要有：

（1）浙江大学许庆瑞[18]教授认为，"技术创新是指从一个新的构思出发到该构想获得成功的商业应用为止的全部活动。它包括科学发现、发明到研究成果被引入市场，商业化和应用扩散的一系列科学、技术和经营活动全过程"。

(2) 清华大学傅家骥[19]教授认为,"技术创新是企业家抓住市场的潜在盈利机会,以获取商业利益为目标,重新组织生产条件和要素,建立起效能更强、效率更高和费用更低的生产经营系统,从而推出新的产品或新的生产(工艺)方法、开辟新的市场、获得新的原材料或半成品供给来源和建立企业的新的组织,它是包括科技、组织、商业和金融等一系列活动的综合过程"。

(3) 管理学家汪应洛[20]认为,"技术创新就是通过建立新的生产体系来重新组合生产条件等要素,以转化并获取潜在的经济效益"。

(4) 董中保[21]则把技术创新看作一个将科技成果转化为现实生产力和商品的动态过程。

1999年,《中共中央国务院关于加强技术创新,发展高科技,实现产业化的决定》指出:"技术创新是指企业应用创新的知识和新技术、新工艺,采用新的生产方式和管理模式,提高产品质量,开发生产新的产品,提供新的服务,占据市场并实现市场价值[5]。"上述定义以传统的技术创新观为基础,强调技术创新的最终目的是知识、技术的商业应用和新产品的市场成功,追求的是单一的经济增长。因此,当经济利益与环境利益发生冲突时,传统技术创新往往会牺牲环境利益,这与人类社会可持续发展的宗旨是背道而驰的,最终会在人类文明的进程中被逐步淘汰。

随着人口剧增和人们对物质生活条件无节制的追求,地球资源特别是不可再生资源已被大量消耗掉。传统的技术创新观越来越难以满足人类社会可持续发展的需要。传统的技术创新具有无限扩张性和价值单一性的缺陷,这与客观存在的环境资源有限性和价值多样性是背道而驰的。这种矛盾如果长期得不到解决,其结果必然是环境资源的过度开发与环境污染的日益加剧,最终将导致人类自身的可持续发展受到限制甚至灭亡。解决矛盾的根本出路在于将传统的技术创新观转变为一种建立在可持续发展基础上的绿色技术创新观,开展实现自然、经济与社会和谐发展的全新技术创新模式——绿色技术创新。绿色技术创新(green technology innovation,GTI)的概念源于布劳恩和韦尔德(Braun & Weild)提出的绿色技术思想[22]。"绿色技术"是指遵循生态原理和生态经济规律,节约资源和能源,避免、消除或减轻生态环境污染和破坏,生态负效应最小的"无公害化"或"少公害化"的技术、工艺和产品的总称,其内容主要包括污染控制和预防技术、源头削减技术、废物最少化技术、循环再生技术、生态工艺、绿色产品、净化技术等[23]。随着党的十八大"全面建成生态文明社会"目标的提出,绿色技术创新在企业可持续发展中的实际运用越来越重要。但企业实施绿色技术创新的最大障碍是外部经济性问题。若该问题得不到有效解决,绿色技术创新行为就不会成为企业的自发行为。鉴于此,李平[24]提出了绿色技术创新的多元主体系统，并从政府、科研院所、公众三个角色出发，论述了绿色技术创新主体系统的运行机制。

基于上述分析，在建立生态文明社会的背景下，技术创新具有如下三个特征：

（1）技术创新是一个多元主体参与的系统。企业虽然是技术创新投资与决策、研究开发、利益分配及风险承担的主体，但技术创新要想满足企业以及人类社会的可持续发展要求，更需要政府、科研院所，以及公众等多方利益主体共同参与，实现多元主体的协同共生发展。

（2）技术创新是从新技术、新工艺、新产品的研究开发到首次商业化应用的一个整体过程。从创新思想的产生、样品的试制，到生产工艺的调整及其质量控制、市场开拓和产品销售等每一个环节都需要动态的监控，可以说任何一个环节出现问题，都会产生传导效应，最终导致技术创新失败。

（3）技术创新的成功需要多维度评价。在可持续发展的背景下，技术创新不仅仅是一种经济行为，市场实现程度和获得潜在商业利益不再是检验技术创新成功与否的唯一标准，需要将自然和社会的和谐发展也纳入目标体系，同时获得经济效益、生态效益和社会效益，追求自然、社会和经济的协调发展才是技术创新的最终目的。

2.1.2 企业技术创新系统

纵观企业技术创新的研究历程，人们对技术创新的研究视角经历了从单纯注重创新过程的某一环节到以系统的观点来研究企业技术创新的过程，在方法上由分析范式转向了系统范式。自弗里曼（Freeman）[25]首次提出"创新系统"以来，引发了各国学者对国家、区域、企业等各层次创新系统的研究。陈劲[26]首次明确地提出企业技术创新系统概念，认为企业技术创新成功的关键是建立和完善企业创新系统，并构建了包括企业家精神、研究与发展体系、科学教育与技术培训、政府四要素的企业创新系统框架。拉扎罗蒂（Lazzarotti）等[27]认为，企业技术创新系统是"企业为创新所进行的各项活动及相关资源的集合体"。熊小龙[28]强调企业技术创新系统是企业内外创新要素的系统集成，关注企业内部创新活动本身以及影响创新活动的企业内外部环境因素。何郁冰[29]将企业技术创新系统界定为围绕企业技术创新活动的、由企业内外部的技术要素和非技术要素以非线性方式组成的、存在反馈路径的复杂网络，目标是提高企业的创新绩效和持续竞争力，并将企业技术创新系统划分为实体层、内部支撑层和外部支撑层三个层次。陈波[30]认为企业技术创新系统是企业内部技术创新相关的资源相互作用的总体，且与系统外部环境存在一定的物质、能量和信息交换，运行目标是为企业提供新技术和新产品。王亮、陈大雄[31]将技术创新看作企业作为人、财、物的技术-经济综合体，把自身各方面的力量充分调动并最佳组织起来，对外部环境进行优化选择和利用，以实现创新目标的系统工程，并将企业技术创新中的一系列活动视为企业技术创新系统的要素，把创新构思形成、研究开发和生产销售视为企业技术创新系统的三个组成要素。赵耀[32]从知识管理的角度分析，认为企业技术创新系统是一个不断学习与运用知识的过程，这一过程会受到组织内部结构以及组织外部环境的影响与干扰。

通过对上述企业技术创新系统概念进行分析，可以看出企业技术创新系统是一个包括创新条件、创新要素、创新机制和创新目标的复杂人化系统。但现有文献大多侧重于对企业技术创新系统的某一方面进行论述，缺乏全方位的系统分析范式。本书拟把企业技术创新系统看作一个人为因素参与的投入产出系统进行全面分析。

（1）企业技术创新系统是一个动态的开放系统，需要不断地从外部环境获得人力、物力、财力、技术和信息等资源，通过技术创新机制对创新资源进行有效配置和管理，从而向系统外部输出对环境有利的新技术、新产品和新工艺。当然，在创新过程中有时也会产生对环境有害的废弃物。

（2）企业技术创新的投入产出过程是在技术创新机制的规范和约束下实现的。许多企业虽然创新资源充足，但由于自身的创新机制不完善，决策者又对技术创新过程的复杂性与不确定性认识不足，从而导致技术创新失败频频发生。因此，设计并不断完善科学有效的技术创新机制是企业成功开展技术创新的关键。

2.1.3 企业技术创新机制

"机制"最早在希腊文中是指机器运转过程中各个零件之间相互联系、相互制约、互为因果的联结关系的运转方式。后来，许多学科领域都用"机制"来表达特定对象内在因素之间的相互影响关系。在社会学领域中，机制通常被理解为行为主体围绕系统目标进行聚合、关联的稳定形式，表现为隐含的、明确的原则、规范和程序等。在技术创新领域，往往借助于"机制"来反映技术创新系统中与技术创新活动有关的各因素之间相互依存、相互制约、互为因果的联系方式及运行规则。

魏江、许庆瑞[33]指出，企业技术创新机制是技术创新系统在运行过程中所存在的企业内部结构、工作方式以及创新组织与外部环境之间交互关系的总和，并认为企业技术创新的成功依赖于技术创新机制所包含的各项功能的有效发挥。技术创新机制的构成与功能如图 2-1 所示。

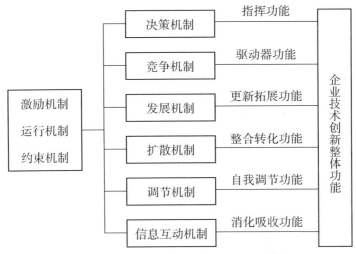

图 2-1 企业技术创新机制的构成与功能

王国进[34]指出，技术创新机制是指由用于不断展开和解决技术创新与市场需求之间矛盾的一系列动力、规则、程序和制度构成的复杂系统。该系统由运行机制、协作机制、保障机制和评价机制四个基本机制以及与之相关的一系列子机制相互影响和相互制约而形成，其中运行机制涉及技术创新项目的方案设计、融资和投资等，协作机制主要用来协调各方力量共同完成技术创新活动，保障机制主要包括风险控制和人员激励等，评价机制是用来对技术创新效果进行考核。可以把各机制对企业技术创新效果的影响用一个简化的多元函数来表示，只有当这些机制之间协调作用时，企业技术创新的效果才能达到最佳。

王舜、石巍[35]指出，企业技术创新机制是指企业的技术成果商业化过程中诸要素及其之间的相互关系或交互作用，可以划分为内部机制和外部机制。内部机制是决定企业技术创新水平的内因，需要企业进行不断优化，以保证技术创新的良性发展，具体包括人才机制、动力机制、融资机制、战略机制、能力机制及协调机制等；外部机制是企业技术创新取得进展的制度基础，需要政府对其进行构建和优化，主要包括政府保障机制、扩散机制、市场机制和文化机制等。

综上所述，企业技术创新机制是影响技术创新水平和决定企业技术创新成败的关键因素。张家骐[36]指出，建立技术创新机制是企业技术创新内在规律和过程控制的要求，能够保证技术创新成果的有效转化，是企业技术创新历史经验的总结。然而，在实际工作中，许多企业仍然沿用旧体制下的技术管理模式，观念陈旧，缺乏机制创新和管理创新的意识，技术创新机制残缺，这严重制约和阻碍了企业的技术创新工作。因此，在技术创新过程中，企业需要全方位分析技术创新系统，不断找出现有技术创新机制的漏洞和缺陷，并不断修补和完善，从而确保技术创新系统的有效运行。

2.2 组织错误研究

2.2.1 人因错误

人因错误（下文简称"人误"）的研究源于核工业、化工、航空、煤矿等复杂社会-技术系统中事故的频繁发生。大量研究表明，人机系统的可靠性在很大程度上取决于人因可靠性。据统计，国内外每年发生的各类伤亡事故中60%以上与人误有关，而由此引发的重大灾难事故比率更是高达80%以上[37]。复杂人机系统事故的频繁发生引发了众多专家学者从不同的角度对人误进行研究。斯温（Swain）[38]给出工程中人因错误的定义为：任何超过一定接受标准——系统正常工作所规定的接受标准或容许范围的人的行为或动作。洛伦佐（Lorenzo）[39]认为，如果作用于系统的人的任何行为（包含没有执行或疏于执行的行为）超出了系统的容许度，那么它就是人误。上述定义是根据系统的性能限制来定义人误的，没有考虑人本身的局限性。詹姆斯·瑞森（James Reason）[6]从心理学的角度将人因错误定义为：人的有计划的心理操作或身体活动，在没有外力干预的前提下，没有取得他所期望的结果或没有达到预期的目标。该定义认为人是技术系统中的一个信息处理单元，仍然没有考虑到人个体的局限性。Sträter[40]试图从技术系统和人的局限性两方面对人因错误进行定义：人误一直存在于工作系统中，它具有引起工作系统处于非期望或者错误状态的特性，它的产生导致系统需求处于没有满足或未能充分满足的状态，个人是工作系统的一个组成成分，并与工作中的其他组成成分相互作用，工作系统中的所有成分相互依赖，相互影响。我国学者张力[41]将人因错误定义为：人误是指在没有超越人机系统设计功能的条件下，人为了完成其任务而进行的有计划行动的失败。其表现的主要形式为：未能完成必要的功能，实践了不应该完成的任务，对意外未做出及时的反应，未意识到危险情境，对复杂的认知反应做出了不正确的决策。

上述关于人因错误的概念虽然从不同角度进行了界定，但它们具有一定的共同特性，主要体现在：

（1）人误是由于人的认知失效，从而导致人的行为后果没有达到技术系统的要求或人为赋予的期望目标。可见，人误是将人的行为后果与一定标准或规则比较后的判别结果。

（2）人误是由人自身的内部因素和一个或若干个外部因素共同作用而引发的。因此，要减少甚至消除人误首先需要充分了解人误的致错因子。

（3）人误往往是由情境环境驱使的，属于人的非故意行为，不存在明知故犯。因此，人误可以通过致错因子的改善而得到控制和修复，即人误具有可预防性、可控制性和可消错性。

任何有意识的行为都可能发生人误，无法穷举尽数。丹麦心理学家詹斯·拉斯马森（Jens Rasmussen）[42]根据认知心理学理论，将人的操作和决策行为分为技能基、规则基、知识基三类，并基于这个分类标准相应地将人误分为技能基人误、规则基人误和知识基人误三种类型，其中技能基行为属于自动化的执行行为，规则基行为是遵循预定程序的执行行为，知识基行为是处理新任务、解决新问题的判断和决策行为，具体行为特征见表2-1。詹姆斯·瑞森（James Reason）[6]将人的不安全行为归为两大类：一类是执行已形成的意向计划过程中的失误，称为疏忽和遗忘；另一类是在建立意向计划中的失误，称为错误。疏忽和遗忘往往表现为技能基人误，错误一般表现为规则基和知识基人误，尤其是知识基人误往往比较隐蔽，短时间内较难被发现和纠正。基于"技能基-规则基-知识基"的人因错误分类方法强调操作员个体的认知因素，研究对象局限于人-机-环境系统中"个体的人"，分析重点是其生理、心理、技能等个体层面的因素。然而，现代大规模的复杂工业系统和社会系统中的人并不是以一个孤立的个体存在于系统中，而是作为组织中的一员而存在着。因此，人因错误应置于一定的组织环境背景下进行研究。

表2-1 人的认知行为类型

行为类型	行为特征
技能基行为	不需要人对显示信息进行解释而下意识地对信息给予反应的操作。完成任务依靠的是个体的技能水平和以往的经验，与任务本身的复杂性无关。该种行为在信息输入与人的反应之间存在着非常密切的耦合关系
规则基行为	由一组规则或程序所控制和支配的行为。若规则没有经过实践检验，个体对实践的掌握程度又不够，此时，人们就必须对每项规则进行校对。在这种情况下，人的行为就可能由于反应时间短、认知过程慢、对规则理解不清等原因而产生错误

续上表

行为类型	行为特征
知识基行为	在当前情景状态不明确、目标状态矛盾或者产生从未经历过的新情景，操作人员又无现成的规程可遵循时，必须依靠自己的知识、经验进行分析、判断和决策，这种行为的错误概率很大，在人因错误研究中占据重要的地位

埃里克·霍尔纳格（Erik Hollnage）[43]在其著作 *Cognitive Reliability and Error Analysis Method*（即《认知可靠性和失误分析方法》，简称CREAM）中，基于社会-技术系统的观点，将引起人因错误事件的基本原因分为三类：个人的，技术的，组织的。第一类包含与人的心理特征性有关的原因，例如认知、情感、个人品德等；第二类包含与技术系统，特别是系统状态和变化状态相关的原因；第三类包含组织特性、工作环境和人与人之间的相互作用等。CREAM分类方案很大程度上是一个原则性框架，具体使用时需针对行业特点加以补充和完善。刘燕子、张力等[44]针对大规模复杂人-机系统，应用AHP方法对CREAM分类进行进一步细化和分析，建立了大规模复杂人-机系统人误原因层次结构模型，并通过实证分析，求取导致人误的最主要原因和最优预防方案。CREAM分类方法把人的行为置于某一个环境背景中去描述，更符合事物发生、发展的规律，在人因错误事件分析中能发挥更好的指导作用。

上述关于复杂社会-技术系统中人因错误的界定及其分类研究是本书的理论基础，作者将对其研究的相关概念和思路进行借鉴，并将其移植过来为企业技术创新系统中的人因错误研究提供指导。

2.2.2 组织错误

组织错误起源于传统人因错误的研究，传统人误研究为个体定向，组织错误是人误研究的组织定向[45]。从20世纪70年代到80年代，人类发生了几次惨重的事故，如1977年西班牙特内里费岛机场飞机相撞事故、1984年印度博帕尔毒气泄漏事故、1986年美国"挑战者"号航天飞机爆炸事故、1986年苏联切尔诺贝利核电站爆炸事故等。詹姆斯·瑞森（James Reason）[46]在综合分析三里岛、"挑战者"号等六起事故发生原因的基础上首次提出了"潜在错误"这一概念，论述了潜在错误尤其是管理错误对系统的作用，建立了复杂系统事故因果模型，指出事故的发生是技术失效、人误、违章等触发器与纵深防御能限及潜在错误机会耦合的结果，就此开启了从组织角度分析人误原因的新趋势。科瓦尔（Qvale）[47]认为，缺乏"全局考虑"的组织错误是海上钻井平台事故的潜在因素。阿马尔伯特（Amalbert）[48]认为飞行事故中存在两种被忽略的组织错误：自动化条件下的不充分培训以及不健康的文化和气氛。巴拉姆（Baram）[49]认为引起化工系统事故的主要原因是管理与组织的错误，主要指设备管理者和组织官员的错误决策。瓦赫纳尔（Wagenaar）[50]通过对医疗系统的典型事故进行分析，指出人是置身于非自己创造的情境中工作的，人误是工作环境的系统结果，而不是一种随机现象，认为安全管理意味着消除造成不良工作情境的潜在组织错误以及那些导致个体人误的因素，强调组织管理错误主要包括不相容的管理目标、组织失效和沟通失效。葛拉波斯基和罗伯特（Grabowski & Robert）[51]提出致使海上运输、空中交通管制等大型系统发生事故的组织因素包括决策、沟通、组织结构、人－机界面、文化，认为它们是隐藏在人误或违章后面错综复杂的潜在组织因素。马尔登（Marden）[52]认为核电站各种操作程序的缺陷是潜在的组织错误，主要分析了程序准备过程中的缺陷、使用者遵守程序过程中的问题以及程序系统设施的缺陷。我国学者王二平[45]在总结不同研究观点的基础上，认为组织错误是知识基人误，将其理解为个体在行为或决策时由于知识经验的缺乏而出现的人误，没有及时发现、控制而转化成的制度、规则、程序、政策、战略决策的缺陷或错误，典型的组织错误包括管理制度缺陷、不充分的培训、管理者的错误决策。上述研究基于不同的技术系统对组织错误理论进行了探讨，并一致认定组织错误是复杂社会－技术系统安全最大的潜在威胁，从而拓展了人误研究的纵深领域。不足之处则是仅仅对组织错误的一些外在表现进行了列举和定性描述，缺乏全面系统的分类体系。

詹姆斯·瑞森（James Reason）[46]认为潜在错误和系统内部问题引发的组织错误是事故产生的根源，它们通过现行失效和潜在失效两条路径对事故产生影响，其中现行失效路径是指由于高层不恰当的决策，以及不良的情境环境，增加了操作者出错的可能性，从而引发事故；潜在失效路径是直接产生于组织过程，危及系统安全的纵深防御机能，增加了由于防御缺陷导致组织安全出现问题的可能性。显然，组织错误是诱发人因错误的潜在原因，追溯人因错误背后的组织错误根源是彻底解决问题的关键。因此，要想从源头上消除和预防人因错误，必须对人因错误的根原因进行有效识别。

埃里克·霍尔纳格（E. Hollnage）提出的认知可靠性和失误分析方法（CREAM）[43,53]实现了对人因错误事件的根原因进行追溯分析，该方法依据人误发生的四维时空特性，将人误模式分为时间错误（包括时间和历程），行为错误（包括力量、距离、速度、方向），目标错误和顺序错误四大类，并以错误模式为起点，首先在"错误模式前因表"中分析选定某个前因作为后果，然后在对应的"后果-前因"追溯表中进一步分析和寻找可能的前因,将找到的前因再作为后果继续分析寻找可能的前因。如此追溯下去,一直到没有合理的一般前因可选,或分析到具体的前因为止,则可视为追溯到根原因。CREAM 追溯分析框架如图 2-2 所示。CREAM 追溯分析法有利于发现人所处情景环境的不足之处,便于在人、技术、组织等多方面进行改进,从而提高人因可靠性和系统安全性。王瑶、沈祖培等[54-55]在 CREAM 基本思想的指导下,给出了具体的"后果-前因"追溯表和追溯分析的实现框架与具体步骤,并应用于三里岛事故人因错误事件的根原因追溯分析,得出电站设计、电站规程、操纵员培训情况、操纵员认知偏好、设备、人机界面等多方面情景环境的不足,是导致人因错误发生的根本因素。

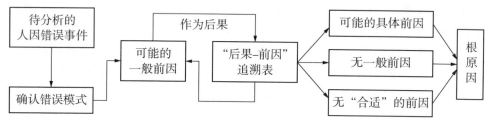

图 2-2 CREAM 追溯分析框架

李鹏程[56]通过总结人误原因分析技术,认为根原因分析技术是通过回溯分析,寻找系统失效的原因,揭露什么因素创造条件,使人处于该条件下操作而发生失误,避免使用传统的分析方法而最终责备个体,可用于追溯事件中的潜在错误,并指出许多根原因分析方法都有自己的原因分类,最常用的方法一般有以下几种:事件和原因分析、变更分析、屏障分析、管理疏忽和风险树分析(MORT)、人的行为评价、Kepner-Tregoe 问题索解和决策制定方法。戴立操、张力等[57]给出了人因错误事件根原因分析的具体步骤,主要从人误事件的表征出发,通过绘制事件和原因因子图以及屏障分析图,寻找引发人因事件的根原因,并提出相应的纠正措施。

上述分析表明,航空、航海运输、核电、煤矿、化工、医疗等与机械设备相关的复杂社会-技术系统事故的频频发生使人们意识到必须通过弄清原因、设计合理程序、进行有效培训和建立安全系统等来降低事故发生的概率,尽量减少事故发生后造成的损失。王二平等[58]指出,组织错误的研究不仅有助于改进社会技术系统的安全管理,而且对于复杂社会经济系统、行政系统的管理也有重要的借鉴意义。但令人奇怪的是,几乎没有人将这一思想扩展到社会经济系统中以帮助企业避免商业灾难或公共危机上去,无论是具体操作性的还是战略性的。因此,本书试图将这一思想移植到企业技术创新系统中,来探究引发技术创新失败的组织错误根源。

2.2.3 组织错误与人因错误的关系

组织错误从本质上讲,也属于人因错误,它是人因错误研究的组织定向,二者既存在区别,又具有一定的联系。

1. 区别

人因错误直接表现在人的具体行为中,其影响结果能立刻显现出来,可以直接观察到,属于显性失效;组织错误表现在各种规章制度和机制中,其影响结果并不一定马上表现出来,具有一定的时间滞后性。只有当组织在本该有效控制活动的情况下没能控制时,特别是当事故或损失实际发生时,其不良影响才会暴露出来,属于潜在失效。因此,组织错误比人因错误更难察觉,影响也更深远。此外,决策管理者的错误虽然属于传统人误范畴,但这种错误如果长期得不到纠正就会演变成组织错误。因此,组织错误是群体行为的结果,往往需要借助组织的力量才能消除,个体则无能为力,而个体人误则可以通过提高操作者的技能、增加知识的培训等方面来预防和控制。

2. 联系

组织错误与人因错误的最显著的共同点是没有故意犯错意向,是非故意出错,即不会存在明知故犯的行为。例如,一些管理制度在专家来看存在一定的缺陷和不足,但从制定制度的管理者来看,他们自认为制度是科学合理的,即这些管理者没有故意制定有缺陷制度的意图,只是由于对各种情况认识不足或自身的知识经验欠缺而无意为之。此外,组织错误同人因错误一样都是客观存在的,并且都是无法避免的,不可能完全消除,但可以通过有效措施尽可能地加以预防和控制,降低错误率。

总之,组织错误本质上也是人误或人误的结果,反过来,组织错误又会进一步促使人误的发生。但组织错误不同于一般的人误,比传统人误复杂得多。组织本身是一个复杂的系统,由代表不同利益的群体、不同社会背景的个体组成,其本身具有心理、社会和文化特性。

2.3 消错理论研究

2.3.1 不同领域的消错探索

错误与正确形成了矛盾的两个方面，构成了人类认识中的一个环节，并且从另一方面激发人们去思考问题和探索真理。不同学者都会对自己所关心领域中的错误进行研究。在哲学领域，文清源的《错误论》[59]从主体、客体和工具角度分析了致错因素，并论述了辨错、致错、防错和化错的方法。在管理领域，罗帆、余廉的《企业组织管理危机的早期诊断及预警管理》[60]通过对企业组织进行管理抽样问卷调查，并根据问卷统计结果，确定了反映企业组织管理行为、机构管理和人员管理危机征兆的早期诊断指标；余晓钟[61]分析了一般管理决策失误的成因，并提出了减少决策失误的对策；乔迪在《兰德诊断》[62]和《兰德决策》[63]中通过案例分析的方式论述了企业经营过程中常犯的"疾病"，形成独特的"病案诊断"和"兰德处方"，是企业家案头必备的日常保健手册。在医学领域，金燕、王宇等[64]应用失效模式与效应分析得出导致手术错误的高风险因子，并通过规范病房交接患者的流程、完善手术护理记录单、使用各类查对标识，以及健全风险管理制度，有效降低了导致手术错误的高风险因子的事先风险系数。此外，还有法学领域中刘明祥的《刑法中错误论》[65]，数学中的"归谬法"；医学中的"误诊学"等。上述研究是通过对不同领域错误的定性分析，试图获得解决办法所做的努力，对人们认识和消除错误具有一定的引导和启发作用，但并未从一般意义上对错误进行研究，更缺乏对错误进行系统规范的定量分析和判断。

20世纪80年代以来，广东工业大学郭开仲教授及其团队创立并逐步完善了消错理论[66-69]，该理论以一般错误为研究对象，采取定性与定量相结合的综合集成方法，借助数学工具和逻辑工具研究了错误的识别、错误的发生原因和机制、错误的传递转化规律，以及消除错误的方法等。消错学的相关概念和消错思想为本书研究企业技术创新系统中错误的识别与消错奠定了理论基础。

2.3.2 消错理论基本概念

消错学认为错误是相对于某一具体规则而言的，并给出了建立科学合理的判别规则的方法和步骤，然后以错误集作为定量化描述错误的工具，通过建立错误函数实现对错误的有效识别和度量，从而建立了一套定量研究错误的数学方法。

2 相关文献综述

1. 错误

设 U 是论域，$a \in U$，G 是 U 上的一组规则，若从 G 推不出 a（包括 G 完全、部分或不肯定推不出等），则称 a 在 U 上对于规则 G 是错误的。

由错误定义可知，错误是相对于某一具体规则而言的，而规则是对被判别对象提出的要求或规定的评价标准，即对被判别对象的期望值。因此，本书研究的错误是指导致企业某技术创新任务的实际输出与预期输出不相符合的创新行为。

2. 错误函数

设 U 是一个对象集，G 是 U 上的一组规则，令

$$V = \{(u,G) | u \in U\}, f: V \to \mathbf{R},$$

则称 f 为定义在 U 上对于规则 G 的错误函数，简称为 U 上的错误函数，记为

$$x = f(u,G) \text{ 或 } x = f(u),$$

其中，$\mathbf{R}$ 为实数域。

一般情况下，可用 x 表示对象 u 的错误值，作为衡量对象 u 对判别规则 G 的偏离程度。$x > 0$，表示对象 u 相对于规则 G 是错误的，x 越大，对象 u 的量值与规则 G 的偏离程度越大；$x \leq 0$，表示对象 u 的量值完全满足规则 G 的要求，不存在错误，x 越小，表示对象 u 的量值越优。

按照 $f: V \to \mathbf{R}$ 中的值域 $R_{an}(f)$ 的取值，可将错误函数划分为：

（1）若 $R_{an}(f) = \{0,1\}$，则称 f 为 U 上的经典错误函数，显然它是不连续的；

（2）若 $R_{an}(f) = [0,1]$，则称 f 为 U 上的模糊错误函数；

（3）若 $R_{an}(f) = (-\infty, +\infty)$，则称 f 为 U 上的具有临界点的错误函数；

（4）若 $R_{an}(f) = [0, +\infty)$，则称 f 为 U 上的非负错误函数。

在消错理论中，错误函数是有效识别和度量错误的有效工具，错误函数的建立使对错误的分析实现了定量化。由错误函数的定义可知：f 是 $V = \{(u, G) | u \in U\}$ 到实数域 $\mathbf{R}$ 的一个映射，换句话说，函数 f 的自变量有两个：一个是对象集 U 中的元素，另一个是判别规则 G，它们一起对应着一个实数，即 $u \in U$ 在规则 G 下的错误值。对于一个具体的论域和错误规则，选取合适的错误函数是非常重要的。错误函数的选取应遵循两个条件：一是对论域的完备性；二是错误函数与规则实际的相符性，即错误函数的错误值大小要能够反映实际中错误程度的大小[70]。

错误函数中的判别规则实质上是对被判别对象提出的各种要求。因此，判别规则必然蕴含着各种指标。这些指标按其值是否为数值，可分为定量指标和

定性指标。

3. 错误集

设 $U(t)$ 是对象集，$G(t)$ 是一组规则，若

$$C = \{((U(t),S(t),\vec{p},T(t),L(t)),x(t) = f(G \neq > u(t))) | (U(t), S(t),\vec{p},T(t),L(t)) = u(t) \in U(t), f \subseteq U(t) \times \mathbf{R}, x(t) = f(G \neq > u(t))\},$$

其中，t 表示时间，$S(t)$ 表示事物，$\vec{p}$ 表示空间，$T(t)$ 表示事物的特征向量，$L(t)$ 表示与特征向量对应的量值向量，$x(t)$ 表示错误值，则称 C 是在 $U(t)$ 上对于规则 $G(t)$ 的一个错误集合，简称错误集。

错误集是定量化描述错误的有效工具。应用错误集描述具体错误时，关键在于根据研究目的，科学地提取对象的特征向量，并通过相应的量值来描述其当前状态和期望状态，从而为消错提供依据。

4. 错误逻辑变量

若

$$A(u(t),x(t)) = A((U,S(t),\vec{p},T(t),L(t)),x(t) = f(u(t),G(t))),x \in \{0,1\} \text{ 或 } x \in [0,1] \text{ 或 } x \in (-\infty,+\infty)\}。$$

其中，U 为 $u(t) = (U,S(t),\vec{p},T(t),L(t))$ 的论域，$S(t)$ 为 $u(t) = (U,S(t),\vec{p},T(t),L(t))$ 的事物或主语，$\vec{p}$ 为 $u(t) = (U,S(t),\vec{p},T(t),L(t))$ 的空间位置与方向，$T(t)$ 为 $u(t) = (U,S(t),\vec{p},T(t),L(t))$ 的特征或谓词，$L(t)$ 为 $u(t) = (U,S(t),\vec{p},T(t),L(t))$ 的量值或表语，$x(t) = f(u(t),G(t))$ 为 $A((U,S(t),\vec{p},T(t),L(t)),x(t) = f(u(t),G(t)))$ 的真值或真值函数，$G(t)$ 为论域 U 上判别错误的规则，

则 $A((U,S(t),\vec{p},T(t),L(t)),x(t) = f(u(t),G(t)))$ 称为定义在 U 上的对于判别规则 $G(t)$ 的错误逻辑变量。

错误逻辑变量以错误值为逻辑真值，依据错误值的取值范围，错误逻辑可分为二值错误逻辑、模糊错误逻辑和具有临界点的错误逻辑。

5. 错误矩阵

设

$$A = \begin{bmatrix} ((u_{111},u_{112},\cdots,u_{11k}),x_{11}) & ((u_{121},u_{122},\cdots,u_{12k}),x_{12}) & \cdots & ((u_{1n1},u_{1n2},\cdots,u_{1nk}),x_{1n}) \\ ((u_{211},u_{212},\cdots,u_{21k}),x_{21}) & ((u_{221},u_{222},\cdots,u_{22k}),x_{22}) & \cdots & ((u_{2n1},u_{2n2},\cdots,u_{2nk}),x_{2n}) \\ \vdots & \vdots & \ddots & \vdots \\ ((u_{m11},u_{m12},\cdots,u_{m1k}),x_{m1}) & ((u_{m21},u_{m22},\cdots,u_{m2k}),x_{m2}) & \cdots & ((u_{mn1},u_{mn2},\cdots,u_{mnk}),x_{mn}) \end{bmatrix},$$

则 A 称为一个 $m \times n$ 阶 k 元错误矩阵，简称错误矩阵。

按照错误逻辑理论，将错误矩阵中的元素用错误逻辑变量来表达，设

$$A = \begin{bmatrix} (u_{10}, x_{10}) \\ (u_{11}, x_{11}) \\ \vdots \\ (u_{1t}, x_{1t}) \end{bmatrix} = \begin{bmatrix} U_{10} & S_{10}(t) & \vec{p}_{10} & T_{10} & L_{10}(t) & x_{10} & G_{U_{10}}(t) \\ U_{11} & S_{11}(t) & \vec{p}_{11} & T_{11} & L_{11}(t) & x_{11} & G_{U_{11}}(t) \\ \vdots & \vdots & \vdots & \vdots & \vdots & \vdots & \vdots \\ U_{1t} & S_{1t}(t) & \vec{p}_{1t} & T_{1t} & L_{1t}(t) & x_{1t} & G_{U_{1t}}(t) \end{bmatrix},$$

则 A 被称为 $(t+1) \times 7$ 错误矩阵，$(t+1) \times 7$ 错误矩阵的元素既有实数，又有集合。

借助于错误矩阵，可以定量描述一个 $(t+1)$ 元对象在具体时空状态下的特征值，以及在特定规则下的错误值。

6. 错误矩阵方程

设 U，V，W 为非空论域，且已知错误矩阵 $A \in \wp(U \times V)$，$B \in \wp(U \times W)$，而错误矩阵 $X \in \wp(V \times W)$ 未知，它满足 $X * A = B$，则称 $X * A = B$ 或 $A * X = B$ 是关于 X 的错误矩阵方程，其中 $*$ 是算子。

根据算子 $*$ 的不同定义，可以得到不同类型的错误矩阵方程，见表 2-2。

表 2-2 等式型错误矩阵方程类别

序号	一类方程	二类方程	算子含义
1	$AX = B$	$XA = B$	一般矩阵乘法
2	$A \bullet X = B$	$X \bullet A = B$	优
3	$A \blacktriangle X = B$	$X \blacktriangle A = B$	劣
4	$A \vee X = B$	$X \vee A = B$	或
5	$A \wedge X = B$	$X \wedge A = B$	与

在解决实际问题的过程中，有时候要求的往往不是等式型错误矩阵方程，而是包含型错误矩阵方程，见表 2-3。

表 2-3 包含型错误矩阵方程类别

序号	一类方程	二类方程	算子含义
1	$AX \subseteq B$	$XA \subseteq B$	一般矩阵乘法
2	$A \bullet X \subseteq B$	$X \bullet A \subseteq B$	优
3	$A \blacktriangle X \subseteq B$	$X \blacktriangle A \subseteq B$	劣

续上表

序号	一类方程	二类方程	算子含义
4	$A \vee X \subseteq B$	$X \vee A \subseteq B$	或
5	$A \wedge X \subseteq B$	$X \wedge A \subseteq B$	与

7. 对象系统

由问题集的条件 T、结论 J、固有功能 GY、目的功能 MG 按某种确定的关系（结构）R 构成的一个系统称为一个对象系统，记为

$$(\{W_i\}, T(t_1, t_2), J, GY, MG, R),$$

其中，$\{W_i\} = \{W_i | 1 \leq i \leq n\}$ 是某个问题集，表示由某些决策、论断、命题、事物等所构成的一个集合；$T(t_1, t_2)$ 是 $\{W_i\}$ 的条件构成的集合，t_1 是限制条件，t_2 是其他条件；J 是 $\{W_i\}$ 的结论集；GY 是 $\{W_i\}$ 的固有功能集，表示问题集的全部条件所得出的全部结论对社会所能起的作用的总体；MG 是 $\{W_i\}$ 的目的功能，表示为实现目的而必需的功能；R 是对 $\{W_i\}$ 中需要研究的关系（结构）的全体所构成的集合。

8. 错误系统

在对象系统中，若构成它的因素至少有一个是错误的，则称其为错误系统。

2.3.3 消错方法

古人云："人非圣贤，孰能无过？"一旦出现错误，就应该去找原因并想办法消除。消错学已有的研究成果形成了两大消错工具，分别是"十五、六、三"消错法和错误矩阵方程消错法。

1. "十五、六、三"消错法

消错理论针对某一特定错误，提出了"十五、六、三"消错法，认为系统出错的元素有 4 个：①论域；②要素；③结构；④规则。通过单独对这些元素进行变换或同时对若干个元素进行变换，可得到 15 条路径；对每个元素的变换，又可进行 6 种基本变换，分别是：①相似；②置换；③分解；④增加；⑤毁灭；⑥单位。对于这 6 种基本变换，又具有 3 种组合方式，即：①积；②或；③逆。因此，消除错误可以从这 15 条路径，进行 6 种基本变换和 3 种组合方式来找出满意的消错方案。目前，"十五、六、三"消错法已被初步应用于解决各种领域中的实际错误，如企业固定资产投资决策、危机管理、软件

项目管理、大学生就业供需矛盾解决等应用领域。

2. 错误矩阵方程消错法

闵惜琳基于错误集和错误逻辑，用矩阵描述错误对象的当前已知状态和当前应该状态（期望状态），用变换矩阵表示分解、相似、增加、置换、毁灭、单位变换，然后通过构建错误矩阵方程，借助错误矩阵方程求解来获得消错方案，即用所求得的变换矩阵来表达错误对象如何从当前状态到达期望状态[69]，并将这一方法应用到了解决城市交通堵塞的问题中[71-72]。后来，郭开仲和闵惜琳又在由错误矩阵方程求出的消错方案中，使总的损失最小作为目标函数，构造消错规划模型，通过求解规划模型，寻找最优的消错方案[73-74]。

上述两种消错方法的本质是通过分解、相似、增加、置换、毁灭、单位这6种基本变换及其组合来实现消错目的，理论体系比较完整，但整体应用层次不够深入，例证不够详细和深入，缺乏具体的操作性。本书以两种消错方法为理论基础，以企业技术创新系统组织错误为消错对象，将深入研究分解、相似、增加、置换、毁灭、单位这6种基本变换的消错应用，并通过建立消错策略的生成系统，筛选出满意的组织错误消错策略。

2.4 本章小结

本章对相关研究文献进行了梳理，主要包括企业技术创新系统、组织错误和消错理论方面的研究，并通过文献分析和评述，对本书研究涉及的相关概念和方法进行了界定和说明，从而为后续章节的研究奠定理论基础。

3 企业技术创新系统分析

一般来说,技术创新涉及问题的解决。这种问题可以是某种产品或工艺使用过程中的不匹配或低效率,也可以是某种尚未满足的需求或者新的需求。对于这些问题,唯有进行技术创新才能从根本上加以解决。因此,本章从解决问题的视角,将企业技术创新抽象为一个对象系统进行全面分析,即

$$(\{W_i\}, T(t_1, t_2), J, GN, R),$$

其中,$\{W_i\}$ 是问题集,是需要通过技术创新解决的问题集合;$T(t_1, t_2)$ 是 $\{W_i\}$ 的条件构成的集合,t_1 表示不可控条件,t_2 表示可控条件;J 是 $\{W_i\}$ 的结论集,表示根据条件所得出的全部结论;GN 是 $\{W_i\}$ 的功能集,包括固有功能 GY 和目的功能 MG,其中固有功能表示在正常情况下,由全部条件得出的全部结论对社会所起作用的总体,目的功能表示为实现目的而必需的功能集合;R 是对 $\{W_i\}$ 中需要研究的所有关系构成的集合。

3.1 条件子系统分析

企业技术创新是一个多维、动态和复杂的非线性系统,对其进行有效管理受企业外部环境与内部条件等多种因素的限制和约束。这些因素的合力或表现为企业技术创新行为的动力,或表现为阻力。由于从事技术创新活动的企业往往对这些内外因素认识不足或者没有足够的能力加以控制,因此技术创新的过程和结果常常出乎人们的意料,有时不但达不到预期目标,反而使其蒙受各种各样的损失。因此,企业技术创新要想成功,必须充分认识和客观评价影响技术创新的各种内外部条件。

3.1.1 外部条件

企业技术创新是创新主体在外部客观环境影响下进行的主观探索性活动,具有高风险性。创新环境是企业技术创新的约束条件,同时创新环境的变化又从另一方面为企业带来了机遇,构成了技术创新的动力源泉。罗鸿君、杜跃平[75]指出,企业所处的技术创新环境是可以看作一个对企业技术创新产生影响的涉及外部因素的多维度、多层次复合系统,由资源环境、市场环境、技术环境、信息环境和制度环境等要素构成,这些要素是在经济发展过程中长期积

累起来并与社会经济发展水平密切相关的,它们彼此之间广泛联系且相互影响,经过整合共同构成了企业技术创新的外部条件。外部环境因素虽然是企业开展技术创新活动的不可控条件,为技术创新项目的实施带来了潜在的客观风险,但创新企业并不是环境的简单适应者,应通过客观评价和科学管理,积极主动地解决环境风险问题,实现与环境的和谐发展。本书通过分析国内外研究的企业技术创新风险评价指标体系,如贝纳科(Benarcoh)[76]的92因素、鲁本斯坦(Rubenstein)[77]的103因素、库珀(Cooper)[78]的77因素、谢科范[79]的58因素和李晓峰[80]的48因素,从中提取客观风险指标,并结合实际的企业调研资料,剔除交叉设置严重和不符合国情的因素,将企业技术创新的外部条件分为经济政策环境、技术环境、生产环境和市场环境四大类,具体分析指标见表3-1。

表3-1 外部条件分析指标体系

外部条件	分析指标	指标说明
经济政策环境	宏观经济形势变动情况	定性评价
	法律和地方法规对创新的支持/制约程度	定性评价
	经济政策对创新的支持/制约程度	定性评价
技术环境	技术的成熟程度	定性评价
	技术的适用程度	定性评价
	技术的复杂性与难度	定性评价
	技术的可替代性	定性评价
	技术的生命周期	定量预测
生产环境	原材料及零配件的供应难易程度	定性评价
	引进或调整设备工艺的难易程度	定性评价
	新产品的生产成本	定量预测
	新产品的生产周期	定量预测
市场环境	所属行业的发展前景	定性评价
	新产品的潜在市场容量	定量预测
	市场的竞争情况	定性评价
	新产品的市场生命周期	定量预测
	消费者的需求变化	定性评价

1. 经济政策环境

经济政策环境是从宏观层面对企业技术创新活动进行引导和制约的外部环境，主要包括宏观经济形势与法律、法规，以及政策等对企业技术创新活动的影响。

（1）宏观经济形势变动情况。宏观经济因素主要包括经济周期、利率、汇率、货币供给、通货膨胀、失业率、可支配收入、GDP 增长趋势等。宏观经济环境的繁荣与否会直接或间接地影响到企业技术创新产品的市场需求大小、融资成本、新产品价格波动、生产要素供应等方面。

（2）法律和地方法规对创新的支持/制约程度。法律和地方法规会对企业技术创新起到激励、规范和约束的作用，包括环保法、质量法、税法、产品责任法、劳动法，以及知识产权保护法等法律。

（3）经济政策对创新的支持/制约程度。国家总体经济发展规划、区域发展规划和产业发展规划会极大地影响企业技术创新，与规划方向相一致的创新活动往往更容易获得国家财政、信贷、税收等政策的支持。政府一般通过科技政策干预或引导企业技术创新的速度、方向和规模；通过产业政策实现产业结构调整；通过财政拨款、税收减免、信贷优惠等财税金融政策调动企业开展技术创新活动的积极性。

2. 技术环境

技术环境对企业技术开发、样品试制、生产工艺设计等方面产生重要影响，会带来技术效果不确定的风险，主要涉及技术的成熟度、适用度、复杂性与难度、可替代性，以及生命周期等。

（1）技术的成熟程度。当一项技术处于不成熟阶段时，一是会加大技术创新的工作量与难度；二是技术创新失败的可能性会增加；三是在风险传递作用下，技术阶段的风险会引发生产阶段和市场阶段的风险，从而提高技术创新的失败率。因此，选择某项技术进行创新时，要充分考察技术的成熟度是否达到了应用的要求。

（2）技术的适用程度。技术的先进性并不一定会产生良好的经济效益，因为有些技术虽然非常先进，但在经济上不具有可行性，美国铱星系统的失败就显示了这一点。因此，企业采用技术时不应该一味地追求先进，而应尽可能选择适合自身实际情况的技术，适合的才是最好的。当然，为了节省成本而选择落后陈旧的技术也是不明智的，因为企业一味地用落后陈旧的技术进行重复性、低水平开发会导致竞争力减弱，发展后劲不足，不符合长远的经济性原则。因此，企业进行技术创新应当做到技术上的先进性、适用性与经济上的可行性有机统一。

（3）技术的复杂性与难度。技术的复杂性与难度往往是一把双刃剑，一方面，复杂性越高的技术，开发过程面临的不可预知情况也会越多，从而给企业带来的技术风险和生产风险也就越大。另一方面，企业一旦成功度过研发和生产阶段，技术难度和复杂性便成了它树立竞争优势的核心能力，能够有效防范他人模仿、增强他人进入的壁垒，从而使其具有较强的市场防护能力。因此，企业进行技术创新时，应量力而行，在自身研发能力和风险承受能力之间寻求平衡点。

（4）技术的可替代性。如果企业研发的技术存在更先进的技术可以替代，一旦企业不能把握技术领域的发展趋势，极有可能造成企业的长期投入不能及时收回，造成严重损失，甚至会被时代淘汰。例如，在显像技术研发方面，当时日本倾向于模拟技术，而美国则更看好数字技术，结果，数字技术逐步取代模拟技术，使日本企业在显像技术方面遭受美国企业的严重威胁。

（5）技术的生命周期。若企业开发的新技术生命周期太短，则有可能使企业的现有技术被提前淘汰，从而造成预期外的风险和损失。

3. 生产环境

生产环境是指企业生产系统中的有关因素及其变化，涉及原材料和零配件的供应、生产设备的引进、生产工艺的调整、产品的生产成本、生产周期等对批量生产要求的满足程度。

（1）原材料及零配件的供应难易程度。原材料及零配件供应困难指资源有限、供求矛盾等因素导致原材料和零配件价格波动、供应不足而影响技术创新项目顺利实施。若开发某一技术创新产品所需要的资源是某种稀缺资源、被法律限制使用的资源或者被他人垄断的资源，则该技术创新项目便会受到制约。如某些企业通过捕获一些国家保护动物，取其皮毛和骨头等来研发一些产品，就是违法和不道德的，当然最终也不会成功；还有，若某创新产品进入生产阶段后，需要依赖大量的进口原材料或零配件，则会遭受汇率、税率，以及他国出口政策变动的风险，一旦风险出现，就会因原材料、零配件价格过高而直接增加新产品的生产成本，创新企业将不得不将高额的生产成本转嫁给消费者，从而不利于产品的市场进入和市场渗透。

（2）引进或调整设备工艺的难易程度。如果创新产品的投产需要引进新设备或对企业原有设备与工艺进行调整，如购买新设备、较大程度地改变或改进工艺，这显然会增加技术创新的不可预见费用及整个项目投资。若引进的技术达不到预期水平或引进质次价高的设备，势必会影响创新产品的性能，产品的次品率就会上升。

（3）新产品的生产成本。新产品生产成本过高一般由以下原因引起：一是生产批量过小，导致单位生产过高，需要扩大生产规模来降低成本；二是生产处于学习曲线的初期，工人的生产技能还不够熟练，对生产线还不够熟悉，因此，学习对产品成本降低的功能尚未发挥；三是技术本身不成熟或生产工艺陈旧，从而导致产品的次品率过高。

（4）新产品的生产周期。产品的生产周期涵盖了从原材料或零配件的投入到质量合格产品产出的整个过程。如果产品生产周期过长，无疑会加大企业的生产成本，降低资金的回收速度，这样，新产品的价格不仅难以降下来，而且可能丧失进入市场的机会。

4. 市场环境

市场既是企业技术创新的起点，也是终点。企业技术创新必须以市场为准则，接受市场的检验。市场环境分析主要涉及企业技术创新所属行业的发展前景、潜在市场容量、市场竞争、产品的市场生命周期、消费者的需求变化等。

（1）所属行业的发展前景。在传统行业、夕阳产业，特别是国家进行限制的一些环境污染大、资源消耗严重的行业领域进行技术创新，或是企业技术创新项目与国家发展战略相违背，往往受到国家政策上的限制，难有发展前景。相反，朝阳产业、新兴行业、高新技术产业往往是技术创新的热点，也是政府大力支持的产业，更容易享受到相应的优惠政策，如获得税收优惠、专项贷款等。

（2）新产品的潜在市场容量。潜在的市场容量大小意味着技术创新产品的市场前景好坏。市场容量的大小主要取决于四个方面：一是目标客户群体的数量；二是平均每个目标客户购买新产品的数量和频次；三是新产品对原有产品的替代成本高低；四是新产品的市场需求是否带有一定的季节性和短期性。在创新项目可行性论证过程中，分析人员为了立项，往往会对新产品的潜在市场容量做出偏高估计而导致决策者做出错误决策。

（3）市场的竞争情况。在技术创新项目评价决策阶段就应该充分考虑新产品的竞争对手，包括现有的和潜在的竞争对手。如生产同类产品的竞争对手（用户可能对其产品存在依赖性）、将来可能出现的模仿者、正在或即将从事同一技术创新项目或更好项目的其他竞争者。对竞争对手的分析，应考虑竞争者的数量、实力和市场结构。从数量上看，竞争者过多，便会瓜分市场利益，使企业收益减少。从实力上看，如果技术创新企业是一家实力雄厚的公司，众多实力弱小的竞争者就不足为虑,但也要预防竞争者的联盟对抗;如果技术创新企业面对的是少数但实力强劲的竞争对手,那么带来的竞争风险就会比较大。从市场结构上看,当新产品的市场结构属于垄断或寡头垄断时,技术创新企业要将新产品打入垄断者或寡头垄断者的市场范围时,就存在较高的市场进入壁垒。

(4) 新产品的市场生命周期。新产品市场生命周期的长短取决于技术性寿命周期、经济性寿命周期和社会性寿命周期。替代技术出现的速度以及先进程度决定新产品的技术寿命周期;新产品的成本高低和市场竞争演化决定产品的经济寿命周期;消费者需求偏好的变化、政府政策和法律的变动等决定了产品的社会寿命周期。新产品的市场生命周期越长,投资的价值越大,反之,投资价值就不大,若硬要投资,则需要考虑企业在短暂的市场生命周期中能否快速收回投资。

(5) 消费者的需求变化。消费者需求变化主要指消费者的购买行为、购买倾向发生无法预测的变化。若这种变化与企业的前期预测相反,则会给技术创新产品的未来上市销售造成不利,这一风险因素对投资周期长而产品更新换代速度快的产品来说更是如此。反之,若这种变化与企业的前期预测一致,且变化幅度更大,则会给创新产品的上市带来更大的商机。

3.1.2 内部条件

企业技术创新活动的开展不仅受外部客观环境的影响,更依赖于企业内部要素能够充分发挥作用。这些要素是实现企业技术创新目标的内部条件。在同样的外部客观环境下,不同的企业由于其内部条件的不同会呈现出不同的技术创新能力。良好的技术创新能力是企业技术创新成功的基础,而技术创新能力可以通过科学的管理手段对内部条件进行有效整合而得到提高,具有一定的可控性。因此,通过企业技术创新内部条件的客观评价,有助于找出企业技术创新的优势与薄弱环节,从而对企业技术创新能力做出准确定位,这对正确制定技术创新战略和选择技术创新模式具有重大意义。作者基于对企业的实际调研,认为从技术创新过程角度来评价企业技术创新系统的内部条件更符合实际情况,且易于被企业接受。因此,本书借鉴企业技术创新能力评价的相关文献[81-85],结合企业调研资料,从创新投入、研究开发、生产制造、市场营销四个方面分析技术创新系统的内部条件,具体评价指标体系见表3-2。

表 3-2 内部条件分析指标体系

内部条件	分析指标	指标说明
创新投入条件	R&D 经费投入强度 非 R&D 经费投入强度 研发人员数量 研发人员素质 R&D 设备投入强度	R&D 经费/产品销售额 非 R&D 经费/产品销售额 研发人员数量/企业员工总数 学历、职称结构 R&D 设备净值/企业固定资产净值
研究开发条件	自主创新产品率 对外合作能力 专利拥有数 创新开发平均周期 研究开发成果水平	自主创新产品数/创新产品总数 合作项目数/研发项目总数 企业拥有专利数量 企业创新项目开发的平均周期 定性评价
生产制造条件	企业科技成果转化率 新产品生产设备比重 新技术工程人员比例 技术工人的技术水平 生产流程标准化水平	生产创新产品数目/研发产品数目 新技术设备数/企业生产设备数 新科技生产技术员/员工总数 工人技术等级结构 定性评价
市场营销条件	新产品市场占有率 营销费用投入强度 市场调查研究能力 分销渠道网络化程度	企业新产品的市场销量/同类产品的市场总销量 营销费用/新产品销售额 定性评价 分销渠道的覆盖范围

1. 创新投入能力

创新投入能力是指企业投入技术创新资源的数量和质量，一般分为 R&D 投入和非 R&D 投入。R&D 投入集中体现在研发经费、人员和设备的投资上，主要适用于评价那些主要采取自主创新的企业。非 R&D 投入主要指技术引进和技术改造的费用，适用于评价那些自主研发能力薄弱的中小企业，它们大多采用技术引进和技术改造来对外部的技术成果进行消化吸收。

2. 研究开发能力

研究开发是以企业的研究和开发系统为基础，并借助于外部成果和合作，完成企业新产品、新工艺设计及样品试制等过程的总和。一个企业的研究开发能力是技术创新资源长期投入积累的结果，强调研发产出，可以借助自主创新产品率、对外合作能力、专利拥有数、创新开发平均周期，以及研究开发成果水平等指标来衡量。

3. 生产制造能力

生产制造能力是把研究开发成果转化为符合设计要求的可批量生产产品的能力。决定企业技术创新系统生产制造能力强弱的因素主要体现在三个方面：一是企业生产制造装备的先进性；二是技术工人的技术水平和劳动熟练程度；三是生产流程的标准化水平。设备的先进性只有与符合制造要求的工人结合在一起时，其先进性才能发挥出来。在装备水平和工程化水平一定的情况下，技术创新所要求的制造能力关键在于工人的技能水平。

4. 市场营销能力

市场营销能力是指企业通过市场调研和分析，使消费者接受创新产品，并通过各种反馈信息不断改进和完善新产品，从而开拓和扩大创新产品市场范围的能力，一般包括市场调查研究能力和销售能力。市场调查是企业在开发新产品或对产品进行重大改进时，对消费者或用户的需求、行业竞争情况、产品的生产成本和收益，以及创新的可接受性和方向等方面进行资料收集和分析，可以通过发放问卷直接获取第一手资料，也可以从咨询公司等其他渠道获得间接数据。企业的市场调查研究能力可以从两个方面来判断：一是企业是否开展市场调查，并形成了惯例或制度；二是从企业过去创新成功和失败的经验教训总结中看市场调查所起的作用或造成的影响。销售能力是一种产品推销能力，体现在两个方面：一是企业通过信息发布、产品试用、上门服务等手段，使目标消费者或用户能够充分了解并乐意接受企业的新产品；二是企业有通畅的产品流通渠道，消费者不仅能够方便快捷地获取新产品及与其相关的信息，而且还能方便地把投诉和产品改进建议反馈给企业。

3.2 结论子系统分析

从纵向视角看，企业技术创新是在时空条件下连续发展的行为过程，是由一系列活动构成的有机整体。不同的学者根据自己的研究需要和目的将技术创新过程划分为不同的阶段。在实际的技术创新过程中，阶段的划分不一定十分明确，各个阶段的创新活动也不一定按线性序列递次进行，有时存在着过程的多重循环与反馈以及多种活动的交叉和并行。为了研究方便，本书将企业技术创新看作一个从技术和市场机会的选择开始，经技术开发、样品制造、批量生产、市场开拓与销售，到获得显性技术效益、经济效益和社会效益的连续发展过程，大致划分为创新项目选择与决策、技术开发与样品试制、产品中试与批量生产、市场开拓与产品销售四个阶段，各阶段相互区别又相互联结和促进，形成技术创新的统一过程，如图3-1所示。

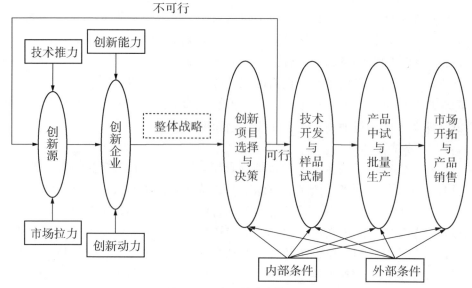

图3-1　企业技术创新过程

在企业技术创新过程中，科技成果对技术创新的推力作用和市场需求对技术创新的拉力作用构成了企业技术创新构思来源的客观条件；创新构思只有通过具有动力和能力的技术创新组织，才能变为行动。具有技术创新动力和能力的企业在整体战略背景下考虑企业内外部条件的综合影响后，对创新项目及其创新方式做出选择和决策；技术创新项目确定后，就进入了实施和商业化阶段。企业技术创新要想获得最后的成功，各个阶段必须取得各自的成果。企业技术创新系统的结论子系统就是在企业技术创新各阶段开始实施之前，通过分析企业内外部条件，确定各阶段可取得的预期成果及其要求。

3.2.1　创新项目选择与决策阶段结论

企业技术创新项目的选择与决策是综合考虑企业的外部环境和内部因素，在企业技术创新战略的背景下，经过可行性论证，对技术创新方式以及具体创新项目做出的选择，其目的是避免决策失误给企业带来损失，提高创新项目投资的效益和综合效果。科技成果对企业技术创新的推力作用以及市场需求对企业技术创新的拉力作用构成了企业创新项目选择与决策的动力。在同样的市场拉力和科技推力情况下，企业技术创新能力的大小将决定技术创新所能达到的水平，即企业创新项目的选择与决策必须坚持量"力"（创新能力）而行的原则。现实中，许多企业技术创新的失败，往往不是没有感受到市场拉力和科技推力，而是没有将市场拉力、科技推力与企业自身的技术创新能力结合起来考虑问题。

技术创新的成功将会给企业带来巨大的利益，是企业发展的动力，但是技术创新过程的复杂性和不确定性等特点，使其又成为一项高风险活动。潜在的高风险与高收益是技术创新的显著特征，创新程度越高，不确定性就越大，相应的风险就越大，潜在的收益也越高。鉴于此，一些企业为了追求高额利益，盲目冒进，以致产生创新起点越高越好，创新内容越新越好这种不切实际的想法。当然，也有一些企业因为畏惧风险，害怕失败，而选择风险较小的项目实施，这样虽然可以降低企业技术创新失败的可能性，但一定程度上也丧失了获得更大收益和提升企业竞争能力的机会。因此，企业在创新项目选择与决策阶段应该基于市场拉力、科技推力和企业技术创新能力三者的有效结合，通过权衡潜在收益和潜在损失之间的关系，选择风险度合适的创新项目进行投资和实施。

综上分析，创新项目选择与决策阶段应该通过分析企业的内外部条件，得出项目是否实施的结论。一般包括：

（1）创新项目可以立即进行；
（2）创新项目需要增加资源才能进行；
（3）创新项目需要等待某些条件成熟后才能进行；
（4）某些目标需要修改后才能进行；
（5）创新项目不能或没有必要进行。

3.2.2　技术开发与样品试制阶段结论

技术开发与样品试制是指通过开发、设计、研制，把知识形态的科技成果转化成新产品样品、样机或新工艺模型，并经过中间试验使之变成可以进入生产领域的产品或工艺的创造性活动，是对创新项目选择与决策阶段选择的技术创新项目实施的一系列活动，一般是在试验室中完成的。该阶段任务的顺利完成需要采用灵活有效的项目管理手段，充分利用和有效组织企业现有的或外部的科技成果资源和技术力量，对技术创新活动进行动态的控制。项目管理往往要满足各利益相关者在时间、费用和性能上的不同要求，如图3-2所示。

从时间维度上讲，进度就是项目管理的时间目标，即使是最有前途的技术创新项目，也会因为时间的拖延而丧失市场机会以失败告终。据美国商务部的经验统计，在企业中，大约80%的创新研发项目超出了估算的时间进度，大型研发项目平均交付时间比原计划超出20%～50%。如格兰仕的集成电路芯

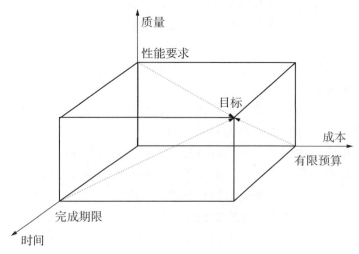

图 3-2 企业技术创新项目三重约束

片生产线研发项目周期为 18 个月,但芯片生产线的投产进度比计划滞后了 6 个月左右[86]。

从成本维度上讲,一个好的技术创新项目往往由于经费的超支而中途搁浅或达不到预期的收益目标。在研发实践中,预算超概算、决算超预算、结算超决算的"三超"现象非常普遍。如空客 A380 研发费用超出预算 14.5 亿欧元(最初预算为 80.9 亿欧元),而在空客系列开发中,除 A340-600 外,历史上新客机的研发费用均超过了预算[86]。

从质量维度上讲,企业技术创新产品的质量是决定产品满意度的关键。如果创新产品质量达不到利益相关者的要求和期望,就会产生损失。如北京某机床厂的创新产品由于质量不过关,以致纷纷返修和退货,使该新产品开发最终失败,造成技术转让费、产品研制费和生产销售费用三方面的损失达 300 多万元,给企业带来了严重的损失[87]。

由此可见,技术开发和样品试制阶段的结论是由投资决策者通过分析创新项目的内外部条件,合理确定项目在进度、成本和质量上的约束要求,从而确定技术创新项目管理的目标。

3.2.3 产品中试与批量生产阶段结论

批量生产并不是样品试制的简单放大,它需要经过工程化研究(产品中试),之后才可以进入企业现实的生产过程。产品中试是为了使研究开发成果顺应市场与产业化的需求、降低创新风险、提高创新效率而进行的试生产、试营销、试使用的过程，其目的在于验证、改进和完善研究开发成果，消除各种不确定性，使新产品的生产工艺流程和生产设备与批量生产相匹配，新产品的性能与市场需求相一致，确保新技术顺利应用到生产中，将新产品成功推向市场。批量生产是把不同层次的众多职工组织起来，在原材料、设备、生产组织等条件约束下，按商业化规模要求把中试阶段的成果变为现实生产力，实现技术创新成果产品化。因此，批量生产需要一个预投入过程以达到大规模生产，如购买、安装和测试所有的工艺设备，对不同层次员工的培训，原材料的购买和预先加工、合适的质量控制水平和程序等。

显然，产品中试与批量生产阶段的结论是确定创新产品投产的现实可行性，主要包括：

(1) 产品性能是否与市场需求相一致；
(2) 职工的岗位技能是否符合批量生产的要求；
(3) 生产工艺和生产设备是否满足批量生产的要求；
(4) 原材料供应是否能够满足批量生产的要求；
(5) 生产的组织管理是否适应批量生产的生产力水平；
(6) 生产的废物排放是否达到环保的要求等。

3.2.4 市场开拓与产品销售阶段结论

企业开展技术创新的动力是获取丰厚的市场利益，因此，技术创新的成败在很大程度上要靠市场来检验。从实质上讲，技术创新就是利用技术机会来满足市场需求，谁能准确及时地捕捉到技术机会，并率先商业化，谁就会在创新中占得先机，更容易取得成功。市场开拓与产品销售阶段的任务就是通过一系列的市场营销活动，把创新产品变成满足消费者需求的创新商品。这就需要市场开拓者和市场营销人员充分调查和研究目标客户群体的消费需求、心理和动机等，并充分挖掘创新产品在特征和功能上的卖点，能够把创新产品与消费者联系起来，从而实现其市场价值。因此，技术创新成果的实现程度取决于市场的接受程度，而产品的市场占有率是市场接受程度的基本衡量指标。企业想让创新产品具有较高的市场占有率，除了产品要适销对路外，还要注意用户的反馈信息，不断依据用户需要改进产品，并且依据不同层次消费者的消费需求和购买能力，使产品系列化，直到用户满意。

因此，市场开拓与产品销售阶段的结论是合理确定创新产品的销售目标，主要包括市场份额和销售收入目标。在制定销售目标时，既要防止假大空的口号，又要避免过于保守而难以激发营销人员的热情。

3.3 功能子系统分析

系统功能反映了系统与外部环境的关系，表达出系统的性质和行为，是系统价值的体现。企业技术创新系统作为一个复杂的技术－经济－社会复合系统，其运行掺杂了许多人为的因素，属于人化系统。因此，企业技术创新系统的功能存在固有功能和目的功能之分。在一定条件下，由系统行为所引起的对环境中相关事物乃至整个环境所起的某个作用称为系统的一个固有功能。由于人类的认识能力有限，全面认识系统的固有功能是不可能的，只需关心和实现与系统目的功能有关或者对环境中其他系统来说是不可忽略的那部分功能即可，不必对所有的固有功能进行描述。目的功能是由利益相关者或社会的主观性目的向系统提出的功能性要求，即要求系统表现出期望的行为，它属于决策者的主观愿望，可以独立于客观系统而存在。因此，系统的目的功能既可能与系统固有功能一致，或包含于系统固有功能之内，也可能与固有功能偏离，出现部分或完全相矛盾的情况。从创新产出角度来看，企业技术创新的绩效主要体现在经济效益、技术效益和社会效益三个方面[88]，因此，本书将企业技术创新系统的功能分为经济价值、技术价值和社会价值三种功能。

3.3.1 经济价值功能

企业有了经济效益才可生存。技术创新为企业研发出新产品，通过市场活动使新产品的成本得以回收并创造出可观的经济效益。因此，企业技术创新系统的经济价值功能是企业首要关注的功能，由技术创新活动所带来的直接和间接经济收益来体现。企业技术创新成果的应用为企业带来的直接经济效益表现为新产品或改进产品销售率、新产品或改进产品利润率，间接效益主要表现为创新产品单位成本降低率，具体见表3-3。

表3-3 经济价值功能测量指标体系

评价指标	指标说明
新产品或改进产品销售率	新产品或改进产品的销售收入/企业当年总销售收入
新产品或改进产品利润率	新产品或改进产品实现的利润/企业当年总利润
单位产品成本降低率	单位产品成本降低的数额/原单位产品成本

3.3.2 技术价值功能

企业技术创新系统的技术价值功能主要是指技术创新成果对科技发展、生产方式改进及产品结构优化的影响程度。企业技术创新成果的应用有助于推动国家科学技术进步与发展，转变长期影响经济增长的生产方式，改变产品结构，从而拉动经济快速增长。企业技术创新系统的技术价值功能虽然不一定能全部转化为现实生产力，但却是企业技术创新的阶段性成果，能够直接反映企业的技术创新效率，为企业未来的技术创新积累技术资源，可以用技术专利申请数、专有技术数、科技论文数、产品质量改善率、劳动生产率提高率、生产周期缩短时间等来体现，具体见表3-4。

表3-4 技术价值功能测量指标体系

评价指标	指标说明
技术专利申请数	专利申请的数量（包括发明、适用新型、外观设计）
专有技术数	没有法律保护的具有秘密性质的技术知识、经验和技巧等数量
科技论文数	在国内外刊物上发表的科技论文数量
产品质量改善率	当年产品一等品率/原产品一等品率
劳动生产率提高率	当年的劳动生产率/原劳动生产率
生产周期缩短时间	创新前产品的生产周期 - 创新后该产品的生产周期

3.3.3 社会价值功能

从科学发展观的要求来看，技术创新所带来的不仅仅是经济效益，而是扩大到较为全面的社会效益，应该有利于节约资源、保护环境、符合社会伦理和道德标准，从而实现整个社会的可持续发展。因此，企业技术创新系统的社会价值功能是技术创新评价不可或缺的重要功能，可用万元产值的综合能源消耗的减少程度，以及万元产值的废水、废气和固体废弃物的程度比例来反映，见表3-5。

表3-5 社会价值功能测量指标体系

评价指标	指标说明
万元产值能源消耗减少程度	新产品每万元产值能源消耗量/原每万元产值能源消耗量
万元产值污染物排放减少程度	新产品每万元产值三废排放量/原每万元产值三废排放量

3.4 关系子系统分析

企业技术创新活动是技术实践、生产经营实践、管理实践相结合的特殊社会实践活动。从横向视角来看，企业技术创新包括决策、资源配置、组织结构设计、制度建设等管理性活动，涉及一系列机制的设计。连燕华[89]将企业技术创新体系界定为一个企业中与技术创新活动及创新资源的配置和利用相关的各种机构相互作用而形成的推动技术创新的组织系统、关系网络，以及保证系统有效运行的制度和机制，具体包括决策系统、资源配置系统、组织系统与规则系统四个子系统。实际上，企业技术创新是一个投入各类资源，产出新产品和新服务的系统过程，这个过程涉及人与人之间、物与物之间，以及人与物之间的各种复杂关系和冲突，需要通过企业技术创新机制的作用来规范、约束和协调。为此，本书借鉴连燕华的观点，将技术创新决策、资源、组织和规则作为企业技术创新关系子系统的分析内容。

3.4.1 决策系统

企业技术创新决策是指企业为了解决面临的生产技术、新的市场需求等问题，运用科学的理论和方法，选择技术创新项目和技术创新活动方案，并加以实施的活动总称。决策贯穿于企业技术创新的全过程，没有技术创新各阶段的决策，就不会发生具体的技术创新活动。企业技术创新系统从输入、运行到输出的每一个环节都有它内在的要求，因此，决策的信息化、决策权的分配、决策的民主化与科学化以及各部门之间的协调等问题，都是技术创新决策应该注意的问题。企业技术创新决策系统是由技术创新决策活动以及与决策活动有关的部门所构成的有机系统，一般由决策核心系统、决策支持系统和决策反馈系统三个子系统组成，如图3-3所示。

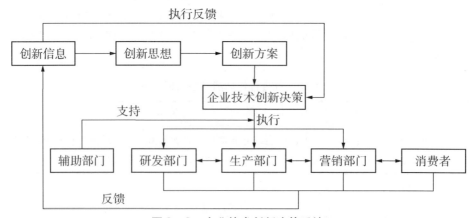

图3-3 企业技术创新决策系统

1. 决策核心系统

决策核心系统是企业技术创新决策系统的中枢，由拥有决策权的领导集团或领导者个人与专家组成的技术创新领导小组等组成。技术创新决策核心系统的主要任务是制定科学合理的决策目标和方案选择标准，借助于决策支持系统提供的信息情报和备选方案，在企业总体战略的指导下，由决策小组利用科学的决策方法和工具，并结合自身长期积累的经验，经过综合比较，权衡利弊，最后从备选方案中选出最满意的方案。

2. 决策支持系统

企业技术创新决策受信息不确定性的影响，即信息的不完全性和真伪性都会影响决策的正确性。因此，科学有效的决策需要借助于决策支持系统提供帮助。决策支持系统一般由信息系统和咨询系统构成。信息系统设立在各级决策核心系统周围，专门用于收集、统计、储存和传递与企业技术创新相关的各种信息情报，要保证情报来源的丰富性和可靠性，情报传递的高效性和及时性；咨询系统的主要任务是充分利用信息系统提供的数据资料，采用定性分析和定量计算相结合的综合集成方法，对决策问题进行系统研究，以寻求多种途径来解决问题，从而设计出多种可行的、可相互替代的行动方案以供决策者选择比较。需要注意的是，由于决策咨询人员受自身感知能力和时间的限制，不可能设计出所有的可行替代方案，当然，如果只有一个方案的话，也无所谓决策了。

3. 决策反馈系统

在执行企业决策核心系统的各项决策指令并付诸实施（包括研发、生产、营销，以及各辅助职能等）的过程中，决策反馈系统将执行情况及新的信息反馈到决策核心系统和其他支持系统中，使决策核心系统对原有的决策进行重新评价，以支持和修正原有决策，必要时对原有决策进行完全否决，以避免造成更大损失。

3.4.2 资源系统

企业技术创新资源是完成整个技术创新过程不可或缺的参与要素，通俗地讲，就是技术创新活动所必需的人、财、物、技术和信息。技术创新活动的有序、高效、持续性开展，依赖于企业对创新资源的及时获取、有效配置和动态更新。可以说，技术创新资源系统是企业技术创新体系的血脉，在技术创新体系中占有极为重要的地位。

1. 资源获取

资源获取主要解决创新资源从哪里获得以及如何得到的问题。企业技术创新资源的获取渠道一般有外部渠道和内部渠道之分。在开放式创新活动中，越来越多的企业感受到仅仅依靠自身积累创新资源是远远不够的，必须大力开拓外部渠道，才能保障技术创新的顺利实施。如：企业自有创新资金不足，就需要向政府申请专项资金、向银行申请贷款或采取合作创新的方式等缓解自有资金不足的压力。如果获取外部资源的渠道并非唯一，那就涉及进一步选择及如何获取的问题。当企业确定需要获取的目标资源后，就需要在企业自身条件和面临机会的双重约束下，对资源的获取成本、获取和占用时间、拥有的控制权，以及获取方式对创新战略的影响等方面进行权衡比较，然后做出最终的选择。对于企业内部资源来讲，虽然企业可以自主使用，不受外部其他条件的限制，但是资源是有限的，仍然需要分析其机会成本，以及与外部资源获取成本的比较。因此，创新资源的获取是企业顺利开展创新活动的保障，需要充分考虑获取资源的及时性、可靠性和难易性等。

2. 资源配置

资源配置主要解决如何将创新资源分配到不同的创新项目或者创新活动的各个环节等问题。技术创新资源配置是指企业将各类技术创新资源合理分配到技术创新网络的各个节点来使用。在资源配置过程中，涉及不同属性资源的有效整合、资源使用的具体安排，以及内外资源的磨合问题等。资源的有效整合是指企业在技术创新战略的指导下，依据资源效益最大化原则，通过监控现有资源的配置方向，不断调整资源配置结构和配置规模，以促使不同属性的资源处于良好的配合状态，从而实现技术创新资源的高效利用。资源的具体安排是指企业根据项目的实施进度和成本预算，将各类创新资源合理地安排在技术创新活动的各个环节，避免出现资源闲置或任务因资源不到位而处于停工状态等现象的发生。内外资源的磨合是指来自企业外部的创新资源和企业固有资源之间的协调问题。例如：某企业联合外部技术人员与企业内部技术人员组建研发团队，这两部分技术力量能否创造出"1+1>2"的效果，某种意义上取决于双方能否在较短的时间内度过磨合期而形成合力。

3. 资源更新

资源更新主要解决如何让创新资源始终保持较高的创新活力（效率）问题。对创新型企业而言，创新资源是企业最活跃的资本要素，能够拥有或者控制高效的、富于活力的创新资源对企业意义重大，但企业现有的创新资源不可能始终保持这一理想状态，因为创新资源也有自己的"新陈代谢"规律，如研发人员需要持续地培训，研发设备需要经常地维护，信息需要不断地更新，这些都需要企业通过有计划的日常管理和持续投入来实现。因此，企业技术创新资源的更新从长期看是一个持续的动态过程，需要建立一套满足创新需求又符合企业特征的创新资源评估体系来动态监控创新资源的应用状态。

3.4.3 组织系统

企业技术创新的成功依赖于企业组织系统的合理性和有效性。构建组织结构合理、人员分工明确、作业流程优化、沟通顺畅、工作效率高的组织架构是技术创新得以进行的基础。企业技术创新组织系统主要包括两方面任务：一是根据分工原则设置与技术创新活动有关的不同职能机构；二是根据协作原则合理设置各机构的相互关系及其作用机制。因此，组织系统涉及组织结构和组织运行两个维度。结构变量形成了组织的框架结构，运行变量受制于结构变量的决定作用，并反作用于结构变量。

1. 组织结构维度

组织结构是组织中正式确定的使工作得以分解、组合和协调的框架体系，是组织内部分工与协调的基本形式。组织结构决定着企业的控制系统，包括信息流和物流，也决定着企业的集权与分权程度、企业的灵活性与开放程度等。组织结构的合理性主要由部门划分、管理幅度、管理层级、专业分工等变量来体现。

（1）部门划分。部门划分是指如何设置职能部门，以及确定每个职能部门的职责和权限。部门的合理划分应以组织目标的实现为前提，做到职责明确、任务均衡、精干高效、协调配合、弹性设置。

（2）管理幅度。管理幅度是指一名主管人员所能够直接领导、指挥和监督的下属人员或下级部门的数量及范围。决定管理幅度宽窄的主要因素包括管理者和下属人员的技能和能力、下属所要完成任务的相似性和复杂性、管理信息系统的先进程度、工作地点的远近等。管理幅度是有限的，当超过一定的限度时，管理的效率就会随之下降。

（3）管理层级。管理层级就是在职权等级链上所设置的管理职务级数，即直线行政指挥系统分级管理的各个层次。虽然减少管理层次可以带来节约管理费用、加快信息沟通、提高领导有效性、调动下属积极性等诸多好处，但管理层次并不能随意减少，而是要受到有效管理幅度的限制。如果管理层次过少，也会影响到管理的有效性。

（4）专业分工。专业分工是根据工作任务的专业性设置工作岗位。专业分工虽然有助于提高工作效率，但过度的专业分工会带来人员的非经济性，如厌倦、疲劳、压力、劣质品、高矿工、高离职率等缺陷，远远超过了专业化的经济优势。因此，工作岗位设置时，可以采取岗位轮换、职务丰富化、建立工作团队等方式消除过度专业分工带来的负面影响。

2. 组织运行维度

组织运行体现了各部门之间的相互关系,以及它们之间信息沟通和相互协调方面的原则,是系统运行性能和效率的反映。有效的组织系统是把各组织实体上下左右联结起来,形成一个能够协调运作、有效实现组织目标的管理系统。组织系统运行的有效性主要由信息沟通、协调机制和权利分配等变量来体现。

(1) 信息沟通。信息沟通是指信息从发送者到达接收者的过程,这一过程不仅发生在人与人之间,而且也存在于部门之间的上传下达以及横向部门之间信息交流、共享的过程中。良好的信息沟通一方面应确保信息能够顺利地传递,另一方面应确保信息是接收人可以理解的。评价技术创新组织系统中的信息沟通情况可以从信息政策、交流渠道(上、下、横向)、信息沟通平台和工具、非正式沟通等方面考察。

(2) 协调机制。企业技术创新组织系统的复杂性要求组织各部门之间必须相互合作、协调工作。亨利·明茨伯格(Henry Mintzberg)[90]曾概括企业组织系统存在的五种协调机制:相互调节、直接监督、工作流程标准化、工作输出标准化、员工技能标准化。通过这五种协调机制,企业可将分散在各个部门、各个岗位的工作任务聚合起来、共同作用,实现组织既定目标。相互调节通过非正式的简单沟通实现对工作的协调。当简单的相互调节无法充分协调任务时,会倾向于运用直接监督。在任务更复杂的情况下,需要依靠标准化进行协调,包括工作流程标准化、工作输出标准化、工作输入(如资源投入)标准化。精密工作中,员工技能的标准化实现了大多数的协调。企业技术创新组织可以对特定协调机制进行不同程度的组合,综合运用。

(3) 权利分配。权利分配涉及组织的集权与分权程度。集权是指决策权在组织系统中较高层次上一定程度的集中;分权是指决策权在组织系统中较低层次上一定程度的分散。集权和分权是一对相对概念,而不是绝对的两级。很少有组织能够在所有决策都集中于一个特定高层管理者团体时仍能有效地运行,同理,将所有决策权都授予最底层员工的组织,也不会是有效的。企业技术创新组织系统需要具备更高的灵活性和反应能力,因此下放决策权成了一个明显的趋势。

3.4.4 规则系统

企业技术创新的规则系统由与技术创新活动有关的各种原则、规定、程序和行为规范等共同构成,是企业技术创新活动得以进行的内部环境,是技术创新的"游戏法则"。从技术创新活动开始到最终市场实现都是在企业规则系统所搭建的环境中进行的，主要由技术创新战略、技术创新制度和技术创新文化三大要素组成。

1. 技术创新战略

企业技术创新战略是企业在正确分析自身内部条件和外部环境的基础上所做出的企业技术创新总体部署，以及为实现创新目标而做出的全局性、长期性的谋划和根本对策。企业到底选择何种技术创新战略没有统一标准，应根据企业的使命与发展目标、总体经营战略、企业实力、技术因素、产业竞争态势和国家政策等因素进行综合评价以后做出自己的选择，总体上应解决以下四大问题：

（1）应研究开发何种技术；
（2）应在哪个领域寻求技术领先地位；
（3）技术转让的方式；
（4）技术创新合作的方式。

正确的技术创新战略是企业的指路明灯，将引导和激励企业在有限的人力、物力和财力的约束下，充分调动企业内外部的一切力量向一个共同认可的、明确的目标不断前进。

2. 技术创新制度

企业技术创新制度是指企业为了规范技术创新管理而人为制定出来的一系列内部规则、政策与程序，是对企业技术创新活动的规范和约束，一定程度上保障了技术创新的有序进行。不同企业的技术创新制度往往详尽程度不同，而且创新制度并不是一成不变的，会随着企业的发展而动态修改。因此，判断企业技术创新制度的好坏关键是看能否促进和规范企业技术创新活动的顺利开展。如按销售收入的一定比例提取研发经费，提取比例太高，会影响企业的日常运营开支，提取比例太低，又会导致企业的创新资金不足；关于创新人员的激励制度方面，有的企业在保证员工基本生活的基础上，按照科技人员的工作量计酬，并给予一定的项目奖金，有的企业则是按照创新成果收益的一定比例提成。这些不同的激励制度肯定会产生不同的激励效果。此外，还有创新项目的审批程序、创新资金的使用管理、创新资源的采购管理等制度。

3. 技术创新文化

企业技术创新文化是在技术创新实践过程中逐步形成的创新主体对技术创新认知的价值观念、思维方式，以及创新伦理的综合体现，是一种新的技术创新哲学。技术创新价值观反映了创新主体的价值取向，决定了创新主体对技术创新的态度和行为动机。思维方式是企业能否抓住技术创新机会的关键。传统守旧的思维方式是技术创新的绊脚石，创造性的、面向未来的思维方式更有助于发现潜在的技术创新机会。因此，良好的技术创新文化应海纳百川，允许员工突破固有的思维方式，表达不同的观点和意见。创新伦理是企业在技术创新过程中应实现创新主体利益与他人利益、自然利益和社会利益的协调统一。

3.5 本章小结

本章从解决问题的视角出发，将技术创新抽象为一个对象系统进行了全方位的分析，通过对企业技术创新系统的条件、结论、功能和关系四个子系统的内在含义及其具体内容进行分析，明确了企业技术创新系统的分析框架，为有效制定企业技术创新错误系统的判别规则提供依据，并为企业技术创新系统的人因错误和组织错误识别奠定理论基础。

4 企业技术创新错误系统判别规则

企业技术创新系统作为一个人化系统，其价值是通过目的功能的实现来体现的。企业技术创新系统的目的功能是决策者赋予的，具有主观性，可能会违反客观规律、现行法律法规、社会道德、政策，脱离企业的现实条件，背离利益相关者的要求，等等，继而产生错误。根据消错学对错误的定义，衡量企业技术创新系统是否有错，必须构建一套科学合理的错误判别规则体系。企业技术创新系统目的功能的实现过程实际上是一个将创新资源投入转换为产出的过程。因此，本章从系统目的功能实现的角度，即投入产出的过程来构建企业技术创新错误系统的判别规则，旨在为进一步识别系统的人因错误和组织错误并进行不断改善提供依据和思路，从而使技术创新管理逐步走向规范和科学。

4.1 判别系统输入错误的规则

4.1.1 系统输入要素

企业技术创新系统作为一个投入产出系统，系统目的功能的实现依赖于获得必要的系统输入。企业技术创新系统的输入要素是创新活动顺利开展的基本投入，主要包括人力资源、物质资源、财力资源、技术资源和信息资源。

1. 人力资源

人力资源是企业开展技术创新的主体，一般可划分为两类：一类是提供创意的人，另一类是将好的创意变成创新成果，并实现其市场价值的人。在开放式创新环境下，学术界提出了"全员创新"的概念。第一，主导技术创新过程的人将不仅仅是研发人员，其他职能部门的人员（如管理人员、生产人员、销售人员等）对创新活动的影响力和贡献日益增大；第二，好的创意将不仅仅来自企业内部人员，企业外部经济、社会关系网络中的利益相关群体都可能成为企业所需创新思想的提供者（比如顾客、供应商甚至竞争对手）；第三，整个创新活动的执行者不再局限于企业内部人员，甚至可能完全由企业外部的人员来完成（如研发外包）。显然，企业技术创新系统是一个人化系统，每一个创新行为都是创新个体或群体的具体实践行为。人力资源状况（包括知识、能力和素质）优劣是企业技术创新活动顺利与否的决定性因素。因此，企业如何获取技术创新人才对于企业技术创新能力的培养至关重要。

2. 物质资源

充足的物质资源是企业技术创新过程顺利实施的基本保证，也是将创意转化为创新成果所必需的基本条件，一般包括场地、基础设施、技术仪器与设备、物料等。很多企业在技术创新过程中因为物资短缺或者关键设备、重要实验仪器不能及时到位而影响研发进度，甚至整个进程停滞；一些企业虽然成功开发出技术成果，但由于缺乏中试条件无法商品化而被束之高阁；还有个别企业因陋就简降低创新所需的物质条件最终导致创新失败。值得庆幸的是，对于创新物质条件欠缺的企业，现在可以从企业外部寻求更多的帮助和支持。越来越多的各类科技企业孵化器、区域性仪器设备共享服务平台和社会办中试基地的出现将在很大程度上缓解创新企业遇到的困难，帮助企业以较小的代价、较短的时间完成创新过程的关键阶段。因此，企业开展技术创新需要考虑如何获取并有效利用企业内外部的物质资源。

3. 财力资源

财力资源是企业技术创新的重要条件，从创意的产生到商业化，所有的创新环节都需要资金的支持。研发资金投入的多少，标志着企业技术创新的规模和强度。由于技术创新具有风险高、回收期长的特点，企业资金在流向技术创新活动时往往受到一定的限制。若缺乏资金保障，创新活动就会耽误，甚至失败。我国大多数企业经营规模偏小，竞争力偏弱，效益不够稳定，单纯依靠企业自有资金积累来开展技术创新往往比较困难，需要借助于其他的资金渠道来筹措创新资金。企业技术创新资金的来源除了自有资金之外，还可以通过申请政府科技资金、金融机构贷款、风险投资等方式来获取。因此，企业在加大自身资金投入的同时，应广开筹资渠道，不断增强社会融资能力，为技术创新提供充足的资金支持和保障。

4. 技术资源

技术资源可以从不同的角度划分为不同的类型，有企业专有技术和产业共性技术之分，普通实用技术和先进技术之分，单一技术和集成技术之分，还有企业内部累积技术和外部引入技术之分，等等。技术资源不论如何归类，它的本质永远是为技术创新服务。因此，只有那些能够在企业技术创新活动中真正发挥作用的技术资源才是企业关注并加以管理的对象。目前，政府大力推进的技术创新服务体系建设正逐步改变我国企业技术资源不足和落后的局面，各地已经建成或正在建设的产业共享技术平台、公共技术服务平台以及生产力促进中心、技术创新服务中心等技术服务机构在服务于企业的同时，也将促进企业技术创新活动的开展。因此，企业在技术创新过程中，不仅应注重自身的技术积累，而且应积极与外部的研发机构和技术服务中心等进行战略合作，从中获取先进可靠的技术资源。

5. 信息资源

信息资源是指企业开展技术创新活动所需的技术信息和市场信息。技术信息主要涉及技术创新项目所属领域的最近研究动态和研究成果，以及其他创新主体开展类似项目的进展情况等，准确的技术信息有助于企业选择合理的创新战略和实施方案；市场信息主要涵盖顾客需求、原材料供应、竞争对手的经营策略，以及未来市场发展变化趋势预测等方面的信息，充分的市场信息为企业选择正确的产品方案和产品应用领域提供依据。

从企业技术创新实践来看，市场信息的价值绝不逊于技术信息，因为创新成功的最终标志是商业化，能否成功商业化是由市场而非技术决定的。目前，我国每年申请和授权的专利数量增长很快，但专利成果转化率偏低，一个很重要的原因就是技术上先进的科技成果并不能很好地满足用户的实际需求，缺乏市场应用价值。因此，企业在开展技术创新活动时，要对市场研究给予足够的重视，只有依据市场信息进行创新决策，技术创新才能从单纯的技术研发成功进入商业化阶段。

4.1.2 系统输入错误的判别规则

企业技术创新系统目的功能的实现往往需要对技术创新资源投入做出一定的要求，而这种对系统输入所做的要求有可能与企业自身的能力和系统所在论域上的一些既定规则相违背，从而导致系统目的功能错误。如某企业研发的新产品在进入规模生产时，所需的一种原材料紧缺，导致供应成本大大提高，最终导致创新产品商业化失败。这显然是由技术创新系统的输入成本超出了企业的承受能力所致。又如一家制药厂想以"虎骨"为原材料来研发和生产风湿膏，这就要求系统输入中包含"虎骨"，而国家为了保护濒临灭绝的猫科动物已经明确规定严禁"虎骨"入药。显然，该制药厂技术创新系统的输入要求与国家的政策法令相悖，产生了错误。

企业技术创新系统为完成目的功能所需的各项输入需要在企业技术创新系统内外部条件客观评价的基础上满足两项基本原则：一是系统所需输入要素在企业技术创新投入能力范围之内，即企业在一定的限制条件下能够获得技术创新所需的各种投入要素；二是获取系统所需输入要素的渠道，要符合各项法规、政策和社会伦理道德的要求。基于上述基本原则，企业在建立判别技术创新系统输入要素错误的具体规则时，可参照表4-1进行具体化。

表 4 – 1　系统输入错误的判别规则

判别对象	判别规则
人力资源	企业研发人员的数量和技术水平能满足技术开发和样品试制的要求； 企业工程技术人员的数量和技能水平能满足批量生产制造的要求； 企业营销人员的经验和数量能满足市场开拓与产品销售的要求。
物质资源	技术创新所需的物料符合法律的相关规定； 原材料和零配件的供应难度在企业的能力范围之内； 引进或调整设备工艺难度在企业的能力范围之内。
财力资源	自有资金和筹资渠道能够满足技术创新所需资金的需求
技术资源	获取技术渠道符合法律的相关规定； 获取的技术没有缺陷或缺陷在企业改进能力范围之内
信息资源	收集到的信息能够客观真实地反映企业内外的实际情况； 信息资源能够及时动态更新

4.2　判别系统输出错误的规则

4.2.1　系统输出形式

　　企业技术创新包括技术开发和技术成果转化两个阶段。技术开发阶段是技术创新活动的第一个阶段，其产出形式表现为新技术，主要有专利和非专利技术；技术成果转化阶段的产出是企业技术创新的最终产出，是将新技术转化为满足市场需求的商品过程，其产出是面向市场的新产品。企业在技术创新过程中，出于对自身经济利益的考虑，在输出新技术，以及由新技术转化为产品的同时，也会输出一定的废弃物，造成对环境的污染和其他利益相关者的损害。因此，企业技术创新系统的输出形式一般包括新技术、新产品或新工艺、废弃物三种类型。

　　1. 新技术

　　新技术是企业在技术开发过程中所形成的技术资料和研究成果，标志着企业技术创新的技术效益。这些资料可以作为专利进行申请和保护，也可以作为创新主体的商业秘密进行保存。专利和非专利技术是企业技术创新活动的中间产出，其最终目的是利用这些技术生产新的产品，或改进生产过程，用以提高生产效率和降低生产成本，从而提高企业的竞争能力。

2. 新产品或新工艺

新产品或新工艺是企业技术创新活动的最终产出，标志着企业技术创新的经济效益。企业通过出售新产品或采用新工艺使企业收益增加、效率提升或成本降低。

3. 废弃物

废弃物是指企业技术创新过程中向环境输出的废气、废水、废渣，以及噪声、干扰等，这些会对生态环境或其他利益相关者造成不良的影响，标志着企业技术创新带来的社会负效益。

4.2.2 系统输出错误的判别规则

技术创新不仅是企业在市场竞争中的制胜利器，而且是企业，甚至一个国家实现经济社会可持续发展的基础。由于技术创新的每一个环节都涉及人的选择活动，而这种选择活动无不与人的价值观相关，因此，技术创新并非天然地会保证经济社会的可持续发展。要使技术创新有利于实现经济社会的可持续发展，就必须在技术创新过程中引入伦理分析。

用伦理原则规范技术创新就是把"对他人、社会和生态环境有利"这一标准纳入技术创新决策过程中，看企业技术创新系统的输出是否有悖于人道原则，是否有悖于人、社会与自然的和谐共处，否则应放弃或加以改善，以避免技术创新带来人为的负面效应。从本质上看，对技术创新的伦理分析就是利益相关者分析。因此，构建企业技术创新系统输出错误的判别规则，应通过利益相关者分析进行提取。

1. 确定利益相关者

企业技术创新的利益相关者是指直接受到技术创新影响的人和社会群体，也包括生态环境，主要包括决策者、技术开发者、董事会、股东、顾客、供应商及其行业、员工及其家庭、政府、竞争对手、社会公众等。

2. 倾听利益相关者的意见

任何技术创新系统的输出都可能对某些利益相关者造成或多或少的影响。因此，企业技术创新应通过倾听他人的意见和体会他人的感受来分析技术创新系统行为对他们有何不良影响，从对他人、社会和生态环境有利的角度挖掘他人和社会的利益，理解生态环境永续存在的条件，避免创新主体主观臆断自己的创新行为是否符合他人的利益。

3. 明确相关法律和伦理规范

法律是最低要求的行为规范，然而仅仅守法还不足以满足相关利益者的要求，还需要考虑社会准则与期望、伦理规范与道德要求、行业经营惯例等。因此，对企业技术创新系统输出要素错误的判别，就是进行必要的法律和伦理检查。

4. 提取系统输出错误的判别规则

企业技术创新系统的输出在满足企业自身利益要求的同时，要兼顾各利益相关者的合理要求，并受到相关法律和伦理规范的约束。企业技术创新行为可能会对利益相关者造成很多不良影响，有的甚至连利益相关者自身也不得而知。由于人类认识能力有限，这些不良影响不可能被人类完全了解，即使完全了解，也不可能完全满足所有利益相关者的要求。因此，提取系统输出错误的判别规则时，只需要找出那些受影响较大的利益群体，分析确定这些影响在什么范围内变动才不至于损害他们的利益，并尽可能地将其量化或找到相关依据，生成规则。

基于上述分析，新技术、新产品或新工艺以及废弃物是企业技术创新系统功能价值的具体体现。表4-2列出了判别企业技术创新系统输出错误的规则框架。现实中，企业在提取技术创新系统输出错误的判别规则时，应充分考虑利益相关者的经济效益、技术效益和社会效益，可以根据实际情况，参照表4-2进行具体化和定量化。

表4-2 系统输出错误的判别规则

判别对象	判别规则
新技术	新技术达到预期的先进水平，如国内先进、国际先进等； 新技术对企业技术能力的提升达到了预期程度； 新技术的应用不违反伦理道德和相关法律规定
新产品	新产品质量满足市场的需求与期望； 新产品的使用不损害人类健康
新工艺	产品的质量改善达到预期目标； 劳动生产率提高达到预期目标； 生产周期缩短达到预期目标
废弃物	废弃物排放量至少满足国家规定要求； 废弃物能够回收再利用

4.3 判别系统效率错误的规则

技术创新投资是企业抓住市场潜在盈利机会、保持竞争优势的必要条件。

许多国家和地区依靠技术创新走出了一条"少投入、低消耗、高产出"的经济发展道路。由于技术创新受众多不确定因素的影响，因此其投资决策成为企业一项非常困难的工作，特别是当企业面临多个投资项目或备选方案时，决策者常常会陷入难以取舍的困境。一旦决策错误，技术创新项目常常成为消耗大量资金和人力的"黑洞"。此时，企业在有限资源的约束下，如何选择出最优或满意的技术创新投资方案，一定程度上依赖于对技术创新方案效率的准确评价以及技术创新投资决策的效率准则。

4.3.1　企业技术创新效率界定

传统理论中的效率，是指在业务活动中投入与产出或成本与收益之间的对比关系，是对资源使用有效性的测量，具体讲就是探讨在资源投入一定的情况下如何产出最多，或在产出一定的情况下如何做到资源投入最少的问题，主要包括技术效率（technical efficiency，TE）和规模效率（scale efficiency，SE）。技术效率反映生产中现有技术利用的有效程度，即在给定投入的情况下被评价对象获取最大产出的能力，一般可通过改进生产技术和管理方式来提高；规模效率反映生产规模的有效程度，即被评价对象是否在最合适的投资规模下进行经营。一般情况下，企业规模收益存在递增或递减两种状态，前者意味着企业可以通过不断扩大规模来提高效率，因为增加的投入量会带来更高的产出；后者意味着随着企业投入规模的扩大，会使整体效率下降。

下面以单投入单产出情况为例，假设生产函数 $y = f(x)$ 表示当生产处于最理想的状态时，投入 x 时所能获得的最大产出量为 y，如图 4-1 所示。

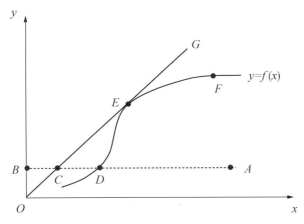

图 4-1　技术效率和规模效率

技术效率测度的是被评价单元与生产函数之间的距离。因为所有的被评价单元都在生产函数曲线以下（包括曲线本身）进行生产，所以技术效率小于等于1。被评价单元距离生产函数曲线越近，技术效率越高。处于生产函数曲线上的被评价单元（如图4-1中的点 D、E、F）的技术效率等于1，称为技术有效。

图4-1中的 OG 为规模收益不变的生产前沿面，点 E 把生产函数分为两部分，在点 E 左边，生产函数的导数递增，曲线比较陡峭，说明增加投入量可以使产出有较高的增加，因而被考察对象仍有投资的积极性，这一段区间称为规模收益递增阶段；在点 E 右面，生产函数的导数递减，曲线较为平缓，说明再增加投入，产出增加的效率不高，因而被考察对象已没有继续增加投资的积极性。只有点 E 所代表的投入规模是最适度的。一般地，规模效率小于等于1，规模效率等于1称为规模有效，如点 E 所代表的被考察对象是规模有效的，而点 A、D、F 所代表的评价单元是规模无效的。

假设某被考察单元在点 A 进行经营，则

$$点 A 的技术效率 = BD/BA \qquad (4-1)$$

$$点 A 的规模效率 = BC/BD \qquad (4-2)$$

$$点 A 的总效率 = BC/BA \qquad (4-3)$$

由式（4-1）、式（4-2）和式（4-3）可知：

$$总效率 = 技术效率 \times 规模效率$$

关于技术创新效率的研究，国内外文献主要集中在国家、区域和产业层面。池仁勇[91]较早从企业层面提出了技术创新效率的定义，他认为技术创新效率就是用来衡量一个企业在一定要素投入的情况下，其产出离有效生产前沿面的距离，距离越大，技术创新效率越低，但并非所有企业的技术创新都可以达到生产前沿面。本书借鉴此观点，认为从系统的角度看，企业技术创新效率是研究系统输入成本与系统输出效用之间转化率高低的问题，即企业在实现技术创新系统目的功能的过程中，在系统输入一定的情况下，可以用系统输出的效用离生产前沿面的距离来度量技术创新效率，距离越大，技术创新效率越低；在系统输出效用一定的情况下，可以用系统输入离生产前沿面的距离来度量技术创新效率，距离越小，技术创新效率就越高。

4.3.2 企业技术创新效率测度

学术界对于技术创新效率的测度主要有两种方法[92]：一种是算术比例法，即用产出与投入的简单比例关系来表示投入产出绝对效率的高低。该方法仅适

用于单一指标的投入产出效率分析。由于企业技术创新是一个具有多投入和多产出特性的复杂系统,创新投入与产出是多变量和不同量纲的,因此,要测量企业技术创新的绝对效率极其困难。另一种是非参数法,用于计算多投入、多产出的投入产出相对效率,其中由美国著名运筹学家查恩斯(A. Charnes)和库珀(W. W. Cooper)[93]等学者提出的数据包络分析法(data envelopment analysis, DEA)是以"相对效率"概念为基础,对具有相同类型的决策单元(decision making unit, DMU)间在多投入、多产出情况下进行相对有效性分析的常用方法之一。DEA 主要是通过保持决策单元的输入与输出不变,借助于数学规划将决策单元投影到 DEA 的生产前沿面上,并通过比较决策单元偏离 DEA 前沿面的程度来评价它们的有效性。

1. 传统 DEA 模型

假设有 n 个独立的决策单元,每个决策单元均有 m 种类型的输入,以及 s 种类型的输出,分别表示该单元耗费的资源和工作的成效。用 x_{ij} 表示第 j 个决策单元对第 i 种类型输入的投入量,y_{kj} 表示第 j 个决策单元对第 k 种类型输出的产出量,v_i 表示第 i 种输入变量的权数,u_k 表示第 k 种输出变量的权数,而且

$$y_{ij>0}, y_{kj} > 0, v_i \geq 0, u_k \geq 0。$$

记

$$X_j = (x_{1j}, \cdots, x_{mj})^T, Y_j = (y_{1j}, \cdots, y_{sj})^T,$$
$$v = (v_1, \cdots, v_m)^T, u = (u_1, \cdots, u_s)^T,$$

其中,$i=1, \cdots, m$; $k=1, \cdots, s$; $j=1, 2, \cdots, n$,则每个决策单元对应的效率评价指数为

$$h_j = \frac{u^T Y_j}{v^T X_j}。$$

在 DEA 的理论体系中,最具有代表性的是 C^2R – DEA 模型[93]、BCC – DEA 模型[94]和超效率 DEA 模型[95]。

(1) C^2R – DEA 模型。该模型是规模报酬不变条件下的 DEA 模型,用于评价决策单元的综合相对效率,包括规模效率和技术效率。在确定某个决策单元的相对效率时,C^2R 模型在满足所有决策单元的效率都不大于 1 的条件下,选择权系数 u 和 v,使该决策单元的效率值最大化。据此,可以形成如下最优化模型:

$$\max h_0 = \frac{u^\mathrm{T} Y_0}{v^\mathrm{T} X_0}$$

$$\text{s. t.} \begin{cases} h_j = \dfrac{u^\mathrm{T} Y_j}{v^\mathrm{T} X_j} \leqslant 1, j = 1,2,\cdots,n \\ u \geqslant 0, v \geqslant 0 \end{cases} \quad (4-4)$$

由于每个 DMU 都有其最优规划模型,而这些规划模型对应的限制条件都相同,因此,由该方法求出的效率值是基于相同比较基础的,具有公平性和相对性。这个最大的效率值就是决策单元的相对效率。

在实际应用中,为了求解方便,常常将上述线性规划式(4-4)转化为对偶规划式(4-5)来进行求解:

$$\min \theta$$

$$\text{s. t.} \begin{cases} \sum_{j=1}^{n} \lambda_j X_j + s^- = \theta X_0 \\ \sum_{j=1}^{n} \lambda_j Y_j - s^+ = Y_0 \\ \lambda_j, s^-, s^+ \geqslant 0, j = 1,2,\cdots,n \end{cases} \quad (4-5)$$

其中,s^- 和 s^+ 为松弛变量。

(2) BCC - DEA 模型。该模型是进一步放宽了规模报酬不变的条件假设,通过在 C^2R 模型中加入凸性约束 $\sum_{j=1}^{n} \lambda_j = 1$,形成在规模报酬可变条件下的 DEA 模型,即 BBC - DEA 模型,见式(4-6)。BBC - DEA 模型用于评价决策单元的技术效率,可以区分技术效率的纯技术有效性和规模有效性。

$$\min \theta$$

$$\text{s. t.} \begin{cases} \sum_{j=1}^{n} \lambda_j X_j + s^- = \theta X_0 \\ \sum_{j=1}^{n} \lambda_j Y_j - s^+ = Y_0 \\ \sum_{j=1}^{n} \lambda_j = 1 \\ \lambda_j, s^-, s^+ \geqslant 0, j = 1,2,\cdots,n \end{cases} \quad (4-6)$$

(3) SE - DEA 模型。C^2R 模型和 BCC 模型得出 DEA 有效的决策单元的效率值均为 1,对于同时处于有效前沿面的决策单元,不能对它们进行排序,从而导致难以确定出最优的方案。安德森(Andersen)等[95]提出了一种改进的

DEA 模型,称之为超效率 DEA 模型(super efficiency DEA,SE – DEA),见式(4 – 7)。该模型在对决策单元进行评价时,将自身排除在约束条件参考集合之外,然后对决策单元进行重新计算,最终得出大于 1 的效率值,这样不但比较了之前效率值都为 1 的决策单元,而且由于没有改变生产前沿面的位置,之前效率值小于 1 的决策单元的效率值也不会改变,从而能够对 DEA 有效的决策单元之间进行效率差异的区分和排序,更具有应用优势。

$$\min \theta$$
$$\text{s.t.} \begin{cases} \sum_{\substack{j=1 \\ j \neq j_0}}^{n} \lambda_j X_j + s^- = \theta X_{j_0} \\ \sum_{\substack{j=1 \\ j \neq j_0}}^{n} \lambda_j Y_j - s^+ = Y_{j_0} \\ \lambda_j, s^-, s^+ \geq 0, j = 1, 2, \cdots, n \end{cases} \quad (4-7)$$

2. 区间 DEA 模型

在用传统 DEA 模型评价决策单元的相对有效性时,要求 DMU 的投入、产出数据必须为准确的"点"数据,给出的解也是确定性的,从而据此所做的是"刚性"评估,以及基于完全理性的最优决策。但企业技术创新系统是一个"柔性"系统,决策者所面临的环境具有不确定性,而且企业技术创新投资决策数据是估计或预测出来的,往往不够精确,甚至有一些指标的估算结果具有较大的误差范围。因此,在估算误差、信息不完备等原因引起数据不精确的条件下,DMU 的投入和产出数据往往全部或部分表现为区间数据,决策者据此所做出的评估也需要更具柔性,所做的决策也应是基于有限理性的满意决策。因此,若仍沿用基于精确值的传统刚性 DEA 模型对企业技术创新系统的效率进行评价,难免会得到有偏差甚至错误的信息,且缺乏灵活性,从而产生决策失误。库柏(Cooper)等学者[96]首次将不精确数据的概念引入 DEA,此后,国内外学者开始对区间 DEA 方法展开了深入研究[97-102]。

(1) 区间数。设 $A = [a^-, a^+] = \{x \mid a^- \leq x \leq a^+, x \in \mathbf{R}\}$,称 A 为一个区间数,a^- 和 a^+ 分别为区间数的下限和上限,当 $a^- = a^+$ 时,区间数就退化为一个实数。

区间数还可以表示为

$$A = \langle m(A), w(A) \rangle,$$

其中,$m(A) = \frac{1}{2}(a^- + a^+)$ 为 A 的中点,称其为 A 的位置系数,反映了 A 的大

小；$w(A) = \frac{1}{2}(a^+ - a^-)$ 为 A 的半宽，称其为 A 的不确定数，反映了 A 所表达信息的不确定程度。显然，在数据不精确的情况下，用区间数来度量企业技术创新效率时，$m(A)$ 越大越好，$w(A)$ 越小越好。

(2) 区间效率。在区间 DEA 中，DMU 的效率值是一个区间数，称为 DMU 的区间效率值。该区间效率值的左端点称为 DMU 的最低效率值，区间效率值的右端点称为 DMU 的最高效率值。

假定 $[h^-, h^+]$ 表示 DMU 的区间效率值，根据区间效率值端点的数值大小，可以将所有的 DMU_j（$j = 1, 2, \cdots, n$）分为三类：

① $E^+ = \{DMU_j \mid h_j^- \geq 1, j = 1, 2, \cdots, n\}$，若 $DMU_i \in E^+$，则称 DMU_i 为区间 DEA 有效；

② $E = \{DMU_j \mid h_j^- < 1, 且 h_j^+ \geq 1, j = 1, 2, \cdots, n\}$，若 $DMU_i \in E$，则称 DMU_i 为区间 DEA 部分有效；

③ $E^- = \{DMU_j \mid h_j^+ < 1, j = 1, 2, \cdots, n\}$，若 $DMU_i \in E^-$，则称 DMU_i 为区间 DEA 无效。

上述三类区间效率值的优劣顺序为：①≻②≻③。

(3) 区间 SE-DEA 模型。当 DMU 的投入和产出数据全部或部分为区间数时，评价其相对效率的 DEA 方法称为区间 DEA。由于 SE-DEA 能够有效地区分出效率有效的投资方案之间的效率差异，可以对所评价的投资方案进行有效排序，因此，本书基于对 SE-DEA 模型的区间扩展[103]对企业的技术创新效率进行测度。设

$$x_{ij} = [x_{ij}^-, x_{ij}^+],\ y_{ij} = [y_{kj}^-, y_{kj}^+],$$

其中，$i = 1, \cdots, m$；$k = 1, \cdots, s$；$j = 1, \cdots, n$。

记

$$X_{j_0}^- = (x_{1j_0}^-, \cdots, x_{mj_0}^-)^T,\ X_{j_0}^+ = (x_{1j_0}^+, \cdots, x_{mj_0}^+)^T,$$
$$Y_{j_0}^- = (y_{1j_0}^-, \cdots, y_{sj_0}^-)^T,\ Y_{j_0}^+ = (y_{1j_0}^+, \cdots, y_{sj_0}^+)^T,$$
$$X_j^- = (x_{1j}^-, \cdots, x_{mj}^-)^T,\ X_j^+ = (x_{1j}^+, \cdots, x_{mj}^+)^T,$$
$$Y_j^- = (y_{1j}^-, \cdots, y_{sj}^-)^T,\ Y_j^+ = (y_{1j}^+, \cdots, y_{sj}^+)^T,$$

将 $X_{j_0}^+$ 和 $Y_{j_0}^-$ 作为 DMU_0 的投入和产出值，将 X_j^- 和 Y_j^+ 作为其他 DMU_j 的投入和产出值，即考虑对 DMU_0 最不利的情况，可建立求解 DMU_0 最低效率 θ_1 的区间 SE-DEA 下限模型：

$$\min \theta_1$$

$$\text{s.t.} \begin{cases} \sum_{\substack{j=1 \\ j \neq j_0}}^{n} \lambda_j X_j^- + s^- = \theta X_{j_0}^+ \\ \sum_{\substack{j=1 \\ j \neq j_0}}^{n} \lambda_j Y_j^+ - s^+ = Y_{j_0}^- \\ \lambda_j, s^-, s^+ \geq 0, j = 1, 2, \cdots, n \end{cases} \quad (4-8)$$

同理，将 $X_{j_0}^-$ 和 $Y_{j_0}^+$ 作为 DMU_0 的投入和产出值，将 X_j^+ 和 Y_j^- 作为其他 DMU_j 的投入和产出值，即考虑对 DMU_0 最有利的情形，可建立求解 DMU_0 最高效率 θ_2 的区间 SE – DEA 上限模型：

$$\min \theta_2$$

$$\text{s.t.} \begin{cases} \sum_{\substack{j=1 \\ j \neq j_0}}^{n} \lambda_j X_j^+ + s^- = \theta X_{j_0}^- \\ \sum_{\substack{j=1 \\ j \neq j_0}}^{n} \lambda_j Y_j^- - s^+ = Y_{j_0}^+ \\ \lambda_j, s^-, s^+ \geq 0, j = 1, 2, \cdots, n \end{cases} \quad (4-9)$$

将系统输入和输出的具体数据的下限值和上限值分别代入上述区间 SE – DEA 的下限模型式（4-8）和上限模型式（4-9），即可通过求解获得相应的最优下限值 θ_1 和最优上限值 θ_2，从而得出决策单元的区间效率 $[\theta_1, \theta_2]$。

4.3.3 系统效率错误的判别规则

企业技术创新效率是对技术创新投入过程和创新产品产出能力的衡量。技术创新效率的高低表明在一定时期内，企业在技术创新活动中对其所投入的创新资源进行转换而获得创新产出时，资源有效利用程度的高低，反映了单位技术创新资源对技术创新的贡献程度。由于企业技术创新项目投资方案的选择，不仅仅是由技术创新相对效率来决定的，因此仅仅从相对效率角度对企业技术创新投资决策备选方案进行筛选，并不能保证做出最优的选择。决策者需要根据技术创新项目所处行业和地域的实际情况，确定一个效率满意度区间作为判别规则，从备选方案中先挑选出令决策者满意的若干方案，然后再结合其他的评价标准来综合衡量，确定最终的方案。由于企业技术创新系统的柔性化，因此用区间效率值对技术创新效率进行评价更具合理性，这涉及效率大小和不确定程度的度量，可以用区间数的位置系数和不确定系数来反映。

企业技术创新效率区间的位置系数反映了区间效率的大小,效率太低,消耗资源过多,不仅容易与目前国家的可持续发展政策相悖,而且难以达到企业的利润目标。因此,企业技术创新系统区间效率值的位置系数属于效益型指标,一般应存在一个决策者可容忍的下限,在此基础上越高越好。假定决策者对技术创新方案区间效率 θ 的位置系数 $m(\theta)$ 的满意度原则为:在 m_i 以下,决策者的满意度为 0,表示极度不满意;在 m_p 左右,决策者的满意度为 0.6,表示基本满意;在 m_j 或 m_j 以上,决策者的满意度为 1,表示非常满意。于是,构建技术创新方案区间效率位置系数的满意度函数为

$$S_{m(\theta)} = \begin{cases} 0, & m(\theta) < m_i \\ \dfrac{0.6[m(\theta) - m_i]}{m_p - m_i}, & m_i \leqslant m(\theta) < m_p \\ \dfrac{0.4m(\theta) + 0.6m_j - m_p}{m_j - m_p}, & m_p \leqslant m(\theta) < m_j \\ 1, & m_j \leqslant m(\theta) \end{cases} \quad (4-10)$$

位置系数满意度函数曲线如图 4-2 所示。

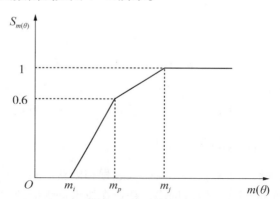

图 4-2 区间效率位置系数满意度函数曲线

企业技术创新效率区间的不确定系数反映了区间效率的不确定程度。在效率区间不变的情况下,效率得分在该区间上随机取值,区间上每个点的覆盖率是等可能的,服从均匀分布[104]。因此,不确定系数越大,区间效率值包含的有效信息越少,太大的不确定系数说明区间效率值不具有评价意义。因此,不确定系数属于成本型指标,一般应存在决策者可容忍的上限,在此基础上越小越好。假定决策者对技术创新方案区间效率 θ 的不确定系数 $w(\theta)$ 的满意度原则为:在 w_i 以下,决策者的满意度为 1,表示特别满意;在 w_p 左右,决策者的

满意度为 0.6，表示基本满意；在 w_j 或 w_j 以上，决策者的满意度为 0，表示非常不满意。于是，构建技术创新方案区间效率不确定系数的满意度函数为

$$S_{w(\theta)} = \begin{cases} 1, & w(\theta) < w_i \\ \dfrac{0.4w(\theta) + 0.6w_i - w_p}{w_i - w_p}, & w_i \leq w(\theta) < w_p \\ \dfrac{0.6[w(\theta) - w_j]}{w_p - w_j}, & w_p \leq w(\theta) < w_j \\ 0, & w_j \leq w(\theta) \end{cases} \quad (4-11)$$

不确定系数满意度函数曲线如图 4-3 所示。

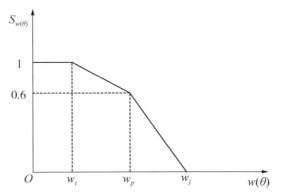

图 4-3 区间效率不确定系数满意度函数曲线

由于应用 DEA 模型准确评价投资对象效率的前提和基础是建立科学合理的投入产出指标体系和获得可靠的投入产出数据，因此对于技术创新投资决策者而言，通过企业技术创新方案的相对效率来筛选满意的备选方案，需要建立在技术创新系统投入产出指标设置合理、预测数据可靠的基础上。为此，建立基于技术创新效率选择创新方案的投资决策准则见表 4-3。

表 4-3 系统效率错误的判别规则

判别对象	判别规则
效率	投入产出指标体系设置合理； 投入产出预测数据具有可靠性； 区间效率值的位置系数不得低于一定的下限要求； 区间效率值的不确定系数不得突破一定的上限要求

4.3.4 应用实例

1. 实例背景

深圳市某企业为了提高技术创新投资决策的有效性，特邀请相关专家顾问通过头脑风暴和科学论证，为拟立项的某技术创新项目设计了 8 种投资方案，并对其进行了相应的投入产出数据预测，其中投入指标用项目参与人数、投资总额和能耗来度量，产出指标用项目实施后的年产值来度量。由于外部环境的不确定性，该企业认为专家的预测数据具有一定的主观性，而且可能存在一定的误差，因此，决策者要求专家用区间数来表示预测结果，具体预测数据[105]见表 4-4。

表 4-4 某技术创新项目投资方案数据

投资方案	投入指标			产出指标
	参与人数/人	总投资/亿元	能耗/十万吨标煤	年产量/万件
方案 1	[95, 105]	[2.52, 2.56]	[4.12, 4.17]	[2.12, 2.36]
方案 2	[95, 105]	[2.83, 2.86]	[4.00, 4.06]	[2.66, 2.88]
方案 3	[105, 115]	[3.84, 3.92]	[3.56, 3.67]	[3.16, 3.36]
方案 4	[115, 125]	[5.08, 5.16]	[2.98, 3.12]	[4.02, 4.25]
方案 5	[135, 145]	[6.56, 6.88]	[2.86, 3.02]	[4.12, 4.32]
方案 6	[155, 165]	[7.86, 8.12]	[2.66, 3.02]	[4.66, 5.06]
方案 7	[175, 185]	[9.16, 9.88]	[2.66, 3.00]	[5.16, 5.86]
方案 8	[195, 205]	[9.68, 10.2]	[2.56, 3.00]	[5.86, 6.12]

2. 实例分析

根据企业技术创新系统效率错误的判别规则，应从投入产出指标体系的合理性、预测数据的可靠性和相对区间效率的满意度三个方面进行评价。

从投入产出指标体系的合理性来看，表 4-4 中的参与人数表示项目在各方案中每年必需的人力资源投入，包括研发、管理等所有参与项目的人员，用 (年初人员数 + 年末人员数)/2 来度量；总投资是指项目整个生命周期内所必需的资金投入，包括研发经费、建设投资、运营费用、人员工资等项目涉及的所有费用。能耗是指项目在整个生命周期内能源资源的综合反映。由于能源因类型不同而量纲不同，单位能源热值也存在差异，因此，能耗统一折算成标准煤计算。以上三个投入指标从人力、物力和财力三个方面综合反映了技术创新项目的投入强度。年产量作为产出指标，也能够基本反映项目资源投入的产出规模和经济效益。因此，表 4-4 的投入产出指标体系比较科学地反映了企业技术创新项目的整体投入和产出，符合决策单元评价所蕴含的要求，具有合理性。

从预测数据的可靠性上看，各项目投资方案的投入产出数据都是在有关专家科学论证的基础上预测出来的，同时考虑到预测误差，采用区间数来避免数据的刚性，具有可靠性。

从区间效率的满意度来看，首先将表4-4的预测数据分别代入区间SE-DEA下限模型式（4-8）和上限模型式（4-9），利用lingo软件编程求解，可得出各投资方案的区间效率值。假定决策者对方案区间效率的位置系数$m(\theta)$的满意标准设置为：当位置系数小于0.8时，决策者非常不满意，满意度为0；当位置系数在1.0左右时，决策者基本满意，满意度为0.6；当位置系数大于等于1.2时，决策者非常满意，满意度为1。决策者对方案区间效率的不确定系数$w(\theta)$的满意标准设置为：当不确定系数小于0.1时，决策者非常满意，满意度为1；当不确定系数在0.2左右时，决策者基本满意，满意度为0.6；当不确定系数大于等于0.3时，决策者非常不满意，满意度为0。根据满意度函数式（4-10）和式（4-11）可计算出各方案的满意度。各投资方案区间效率及其评价结果的具体情况见表4-5。

表4-5 各投资方案区间效率评价结果

投资方案	$[\theta_1, \theta_2]$	类型	$m(\theta)$	$S_{m(\theta)}$	$w(\theta)$	$S_{w(\theta)}$
方案1	[0.8137, 1.0069]	E	0.9103	0.3309	0.0966	1
方案2	[1.0134, 1.2501]	E$^+$	1.1318	0.8636	0.1184	0.9264
方案3	[0.8828, 1.0713]	E	0.9771	0.5313	0.0943	1
方案4	[1.0293, 1.3109]	E$^+$	1.1701	0.9402	0.1408	0.8368
方案5	[0.8093, 1.0372]	E	0.9233	0.3699	0.1140	0.9440
方案6	[0.8249, 1.1081]	E	0.9665	0.4995	0.1416	0.8336
方案7	[0.8522, 1.1635]	E	1.0079	0.6158	0.1557	0.7772
方案8	[0.8946, 1.3899]	E	1.1423	0.8846	0.2477	0.3138

假定该项目投资决策者对区间效率的位置系数和不确定系数的满意度区间均为[0.8, 1]，通过效率满意度函数式（4-10）和式（4-11），计算出区间效率位置系数的下限为1.1，不确定系数的上限为0.15。从表4-5进行筛选，可以发现只有方案2、方案4同时满足位置系数和不确定系数的满意度区间。

如果需要从方案2和方案4中进一步选优，需要对位置系数和不确定系数的满意度分别赋予一个权重，通过加权求和，构建综合满意度函数对备选方案进行优先排序。假设位置系数的权重为 $\alpha = 0.7$，不确定系数的权重为 $\beta = 0.3$，则综合满意度函数为

$$S_\theta = \alpha S_{m(\theta)} + \beta S_{w(\theta)} \qquad (4-12)$$

由式（4-12）可以计算出方案 2 的综合满意度为 0.8824，方案 4 的综合满意度为 0.9092，因此，方案 4 应该作为优选执行方案。

4.4 判别系统风险错误的规则

技术创新是企业发展的动力，技术创新的成功将会给企业带来巨大的利益，但是由于技术创新过程的系统性、复杂性等特点，其又成为一项高风险活动。但也有一些企业由于成功的技术创新获得了高额利润，并取得了行业领先地位。事实证明，投资前对技术创新项目的风险较准确地预测并对企业的整体风险加以有效控制，可以大大减少企业技术创新项目投资决策的盲目性和经营的风险性。目前，国内许多学者借助于不同理论和工具研究了技术创新的风险评价问题，如灰色多层次法[106]、模糊层次分析法[107]、联系数[108]、物元和可拓集[109]、人工神经网络[110]等。上述方法大多只是给出了单个项目的风险值或多个项目的风险排序，然后基于决策者的风险偏好和经验选择投资项目。然而不同的风险评价方法具有不同的缺陷，预测的项目风险值也不一定准确，而且缺乏基于风险的技术创新项目投资决策准则，难以客观地评价一个项目风险值的高低。潜在的高风险与高收益是技术创新的显著特征，创新程度越高，不确定性就越大，相应的风险就越大，潜在的收益也越高。如果企业因为畏惧风险，害怕失败而选择风险较小的项目实施，虽然可以降低企业技术创新失败的可能性，但一定程度上也丧失了获得更大收益的机会。因此，通过权衡收益和风险之间的关系，确定投资决策的风险准则是企业技术创新投资决策者必须考虑的问题。

4.4.1 企业技术创新风险界定

所谓风险，是指未来结果的不确定性或波动性，它是一种不以人的意志为转移，独立于人的意识之外的客观存在。对于风险的具体理解，不同学者有不同的定义。从狭义上讲，风险仅指损失的不确定性，它只能给人们带来损失，而不能给人们带来收益，是损失出现的机会或概率，称为纯粹风险；从广义上将，风险既包括损失发生的可能，也包括获取更多收益的机会，是实际后果偏离预期结果的可能性，这种偏离既可能是正偏离，也可能是负偏离，称为投机风险。本书主要考虑的是广义层面的企业技术创新风险。

企业在技术创新过程中，会面临各种不确定事件和条件，它们的发生将对技术创新项目的实施产生积极或消极的影响，既存在使企业获得超额的经济利润，扩大市场份额，提高竞争优势，增强发展后劲的机会，也存在使其遭受巨额损失，甚至导致企业倒闭的威胁。追溯企业技术创新低效和失败的原因，大多是企业没有对其面临的风险进行有效的识别、防范和控制，从而形成错误的管理行为。因此，企业从事技术创新活动，既要有效把握其中的机会，又要合理地防范、处理、消化技术创新中的威胁。

4.4.2 风险增益与风险损失

技术创新的基本特征是不确定性，不确定性导致技术创新是一个充满风险的过程。肯尼迪·阿罗（Kennedy Arrow）[111]指出了技术创新过程中的不确定性，认为其存在于技术创新过程中的每个决策。不确定性导致的技术创新风险是在一定条件下创新过程中可能发生的各种损失，但并非必然的损失，其在一定条件下可以转化为收益。因此，追求高风险而带来的高额收益是企业技术创新的动力和源泉，技术创新具有风险收益的规律性。国内较早研究风险收益的学者马艳[112]提出了"风险利益"的概念，她认为风险利益的实质是预期利益和实际利益之间的正负差额，包括风险增益和风险损失两种可能。目前，国内学者更多是在高风险与高收益对等的意义方面使用风险收益概念[113]。本书认为，企业技术创新风险收益是指在技术创新项目投资决策中，由于外部环境的各种不确定性，以及创新者风险偏好和风险承受能力的不同而对项目所做的不同选择，使实际收益与预期社会平均收益出现背离。这种背离可能是风险增益，即实际收益高于预期社会平均收益的部分；也可能是风险损失，即实际收益低于预期社会平均收益的部分。因此，企业进行技术创新，必然面临风险增益与风险损失。设技术创新风险度 r 为一个用概率表示的风险程度，取值范围为 $[0, 1]$，当 $r=0$ 时，表示不存在技术创新风险；当 $r=1$ 时，表示技术创新风险最大，则风险增益和风险损失将是以风险度为自变量的非负函数。

1. 风险增益函数

所谓风险增益，是指企业在技术创新过程中因规避风险成功所带来的实际收益超出预期社会平均收益的部分。风险增益实际上是一种机会收益，它的大小取决于技术创新的风险度。由于技术创新具有高风险高收益的特点，因此通常情况下技术创新风险增益与技术创新风险度呈正向相关，随着技术创新风险度的增大，风险增益也会相应增大，当技术创新风险度达到最大值时，风险增益也就达到了最大。本书试图用幂指函数来刻画这种变化规律，即技术创新风险增益函数可表示为

$$I = \delta r^{\vartheta} + \alpha \quad (4-13)$$

其中，I 是技术创新的风险增益，δ 是风险系数，r 是技术创新风险度，ϑ 是指数，α 是随机扰动项。

按照边际收益递减规律，随着技术创新风险度的增加，边际风险收益是递减的，因此，风险增益对风险度的二阶导数应小于0，即

$$I'' = \delta\vartheta(\vartheta-1)r^{\vartheta-2} < 0 \quad (4-14)$$

因为风险增益为非负值，所以 $\delta \geq 0$。由式（4-14）可得，风险增益函数应满足 $\delta \geq 0$ 且 $0 < \vartheta < 1$。

2. 风险损失函数

所谓风险损失，是指企业在技术创新过程中因规避风险失败而造成实际收益低于预期社会平均收益的部分，它不是现实的损失，而是一种机会损失，这种机会损失取决于技术创新的风险度。随着技术创新风险度的增大，风险损失也会增加。因此，技术创新风险损失函数可表示为

$$L = \xi r^{\theta} + \beta \quad (4-15)$$

其中，L 是技术创新的风险损失，ξ 是风险系数，r 是技术创新风险度，θ 是指数，β 是随机扰动项。

按照边际损失递增规律，随着技术创新风险度的增加，风险损失的增加幅度加大，技术创新风险的边际损失是递增的，因此，风险损失对风险度的二阶导数应大于0，即

$$L'' = \xi\theta(\theta-1)r^{\theta-2} > 0 \quad (4-16)$$

因为风险损失为非负值，所以 $\xi \geq 0$。由式（4-16）可得，风险损失函数应满足 $\xi \geq 0$ 且 $\theta > 1$。

3. 约束条件讨论

由上述风险增益函数和风险损失函数的分析，可知 $0 < \vartheta < 1$，$\theta > 1$，$\delta \geq 0$ 且 $\xi \geq 0$，在此条件下讨论 δ 和 ξ 的关系（忽略随机扰动项）。

（1）若 $\delta = \xi = 0$，则风险增益、风险损失与技术创新的风险度无关，这显然不符合企业技术创新的实际情况。

（2）若 $\delta > \xi > 0$，则当 r 在 [0，1] 中取值时，I 永远大于 L，即风险增益永远大于风险损失，这在企业技术创新实践中是不现实的。

（3）若 $\xi > \delta > 0$，则 r 存在一临界值，当 r 小于该临界值时，I 大于 L；当 r 大于该临界值时，I 小于 L。这种情况真实地存在于企业技术创新过程中，对于技术创新风险防范与控制具有重要意义。

综上分析，风险增益函数和风险损失函数的约束条件为

$$\begin{cases} 0 < \vartheta < 1 \\ 1 < \theta \\ 0 < r < 1 \\ 0 < \delta < \xi \end{cases} \quad (4-17)$$

式（4-17）中的参数 $\vartheta,\theta,\delta,\xi$ 可以根据企业的实际技术创新管理能力和历史项目的事后评估数据模拟风险增益函数和风险损失函数进行确定。

4.4.3　临界风险度与最佳风险度

企业在技术创新过程中，必须既注重创新的收益性又不能忽视创新失败的可能性。根据上述风险收益的分析，建立目标函数：

$$\max P = I - L \quad (4-18)$$

令风险增益等于风险损失，即 $I = L$，得临界风险度（忽略随机扰动项）r_0；令边际增益等于边际损失，即 $I' = L'$，得最佳风险度 r^*，见式（4-19）。

$$\begin{cases} r_0 = \left(\dfrac{\delta}{\xi}\right)^{\frac{1}{\theta-\vartheta}} \\ r^* = \left(\dfrac{\delta\vartheta}{\xi\theta}\right)^{\frac{1}{\theta-\vartheta}} \end{cases} \quad (4-19)$$

综上所述，技术创新风险度 r 是一个适度指标，风险增益和风险损失与技术创新项目的风险度紧密相关，如图 4-4 所示。因此，企业在技术创新的不同阶段，应动态地评价和监控其风险状态，将其控制在适度的水平，方可实现收益的最优化。

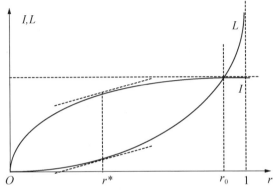

图 4-4　风险度与风险增益和风险损失的关系

4.4.4 系统风险错误的判别规则

企业技术创新风险虽然客观上存在最优风险度，但由于创新者投资决策前对技术创新项目的风险预测具有一定的主观性，现有的风险评价方法将风险度定量为某个具体值或风险等级缺乏精确性。因此，本书认为判别技术创新投资决策错误的风险规则不应是一个固定型指标，而应是一个区间型指标，即包括最佳风险度在内的一个风险度容忍区间。

由于不同的企业具有不同的风险承担能力和经营战略，因此企业可以事先确定技术创新项目可以接受的风险收益和风险损失容忍线。假定企业认为风险增益低于 I_A 的项目收益过低，不可接受，其对应的风险度为 r_A；风险损失高于 L_B 的项目风险太大，难以承受，其对应的风险度为 r_B。于是，企业可以将判别投资决策错误的风险规则确定为可接受的风险度容忍区间 $[r_A, r_B]$，如图 4-5 所示。

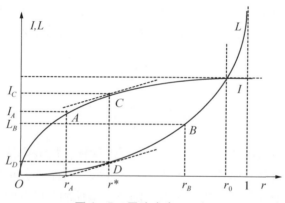

图 4-5　风险度容忍区间

需要强调的是，最低风险增益容忍值 I_A 应小于最佳风险度 r^* 对应的风险增益 I_C，最高风险损失容忍值 L_B 应大于最佳风险度 r^* 对应的风险损失 L_D，此时，最佳风险度 r^* 包括在区间 $[r_A, r_B]$ 之内，临界风险度大于或等于 r_B。有助于通过风险管理和控制实现收益的最优化。

企业在技术创新的整个过程中，在不同的阶段会面临着不同的决策。由于受诸多因素的影响，技术创新风险会随着技术创新过程的推进发生动态变化，在不同的阶段，风险的影响因素也不一样，对应的风险增益和风险损失函数也会发生变化。因此，判别企业技术创新系统错误的风险规则不应是一个静态的规则，而应随着技术创新过程的推进，进行动态的修订。这样不仅可以及时有效地识别技术创新的决策错误,而且有助于通过对风险的动态管理和监控,实现收益的最大化。

综上所述,对于企业技术创新投资决策者而言,过分冒险将带来很高的风险损失,过分保守又将丧失巨大的风险增益,这二者都是不可取的。正确的投资决策准则应是选择那些风险度处于包括最佳风险度在内的企业风险容忍区间的项目进行投资,见表4-5。通过将固定的风险度指标扩展到区间指标,不仅可以降低因技术创新项目风险评价不够精确而造成投资项目选择失误,而且更有助于对技术创新风险进行动态监控,实现投资收益的最优化。

表4-5 系统风险错误的判别规则

判别对象	判别规则
风险	风险评价方法科学合理; 风险测度数据可靠有效; 风险度处于包括最佳风险度在内的风险容忍区间

4.4.5 应用实例

1. 实例背景

某生物制药企业曾有2个备选的技术创新项目,若全部开发,累计费用为4000万元,该企业2008年初用于技术创新的资金仅为3000万元。因此,准备从中选择前景较好的项目进行投资,以实现企业投资收益的最大化。据当时的预测和评价,得出2个备选项目的投入成本、预期收益(投入生产后3年内净收益)及项目风险度的数据,见表4-6。

表4-6 某企业备选项目的投入成本、收益与风险度

备选项目	投资成本/万元	预期收益/万元	项目风险度	备注
项目1	2500	8000	0.45	社会平均收益率为10.3%
项目2	1500	4500	0.3	

该公司的决策者为风险偏好型,故选择了项目1进行投资。从项目开始实施后的3年经营情况来看,虽然最后成功研发出了新产品,但由于研发过程中遇到了技术难题,因此额外增加了研发成本500万元,并延迟了项目工期,丧失了一定的市场机会,使该项目生产的产品并没有取得预期的收益,税后仅获

得4000万元的收益,可以计算出收益率约为33.33%。虽然实际的收益率大于社会平均收益率,获得了风险增益,但与预期的收益率相比,相去甚远。

2. 实例事后分析

根据专家和对该企业技术创新管理能力的评价以及历史项目的事后收益和损失数据分析,模拟风险增益和风险损失函数分别为

$$I = 1.5r^{2/3},$$
$$L = 2.4r^2。$$

建立目标函数

$$\max P = I - L = 1.5r^{2/3} - 2.4r^2,$$

令风险增益等于风险损失,可得临界风险度

$$r_0 = \left(\frac{1.5}{2.4}\right)^{\frac{1}{2-\frac{2}{3}}} \approx 0.70;$$

令边际增益等于边际损失,可得最优风险度

$$r^* = \left(\frac{1.5 \times \frac{2}{3}}{2.4 \times 2}\right)^{\frac{1}{2-\frac{2}{3}}} \approx 0.31。$$

判别企业技术创新投资决策错误的风险规则为区间型指标,要求投资项目的风险度 $r \in [r_A, r_B]$,且 r 越偏离区间 $[r_A, r_B]$,错误越大。因此,可以用企业技术创新投资项目的风险度偏离风险容忍区间的程度反映投资决策错误的程度。风险度的取值范围为 $[0,1]$,根据错误函数的分类,可以通过模糊错误函数来描述企业技术创新投资决策对风险准则的违背程度,并建立具体的模糊错误函数:

$$x = \begin{cases} e^{\frac{1}{10 \times (r - r_A)}}, & r < r_A \\ 0, & r_A \leqslant r \leqslant r_B \\ e^{\frac{1}{10 \times (r_B - r)}}, & r > r_B \end{cases}$$

这里需要说明的是,错误函数的建立并不是固定不变的,可以依据实际情况灵活选择。

从企业承担的技术创新风险角度讲,若 $x = 0$,则认为投资该项目的决策是正确的,应实施该项目;若 $x > 0$,则认为投资该项目的决策是错误的,应放弃该项目。x 的值越大,表示投资该项目的决策错误程度越大,造成的风险

损失（风险增益）可能越大（越小）。若决策者的非理性行为导致决策错误，应该根据错误值的大小，及时采取相应的补救措施，以避免由于决策错误导致的项目损失。

基于企业当时的经营状况评价和战略导向，其风险容忍区间应设定为 $[0.2, 0.4]$，由此可以计算出选择项目 1 实施的决策错误函数值 $x = e^{\frac{1}{10 \times (0.4-0.45)}} = e^{-2} > 0$，故当时选择项目 1 进行投资是存在一定错误的，但由于其风险度未超过临界风险度 0.7，因此，项目 1 的实施结果虽然未达到预期的收益，但也未造成严重的损失是可以理解的。

项目 2 的预期收益虽然低于项目 1 的预期收益，但项目 2 的风险度为 0.3，与最佳风险度很接近，由于 $0.3 \in [0.2, 0.4]$，其错误函数值为 0。因此，如果选择项目 2 进行投资的话，若能够对技术创新风险进行动态的监控，应该会获得更好的经济效益。

4.5　本章小结

本章从目的功能实现的角度，基于技术创新系统的投入、产出，以及从投入转化为产出的过程，通过定性分析和建立数学模型并求解，建立了企业技术创新错误系统的判别规则框架，包括系统输入、系统输出、系统效率和系统风险四个方面的错误判别规则，旨在为企业制定具体的判别规则提供参考，从而为进一步识别技术创新系统的具体人因错误并进行消错处理提供依据。

5 企业技术创新系统人因错误诊断

企业技术创新活动是一个科学严谨且充满风险的过程，任何理由的轻率和盲动都是对创新的亵渎。由于技术创新是一个受众多不确定因素影响的面向未来的探索过程，且技术创新活动归根到底是靠人来决策和执行的，因此，在技术创新过程中，由人为因素而产生的错误行为在所难免。为了尽可能地减少由人因错误而导致企业技术创新的失败，对技术创新过程中的人因错误进行快速、准确、动态地诊断至关重要。

5.1 人因错误形成机理

5.1.1 人因错误的滋生土壤

企业技术创新计划的实施是一个不断调整和修正的动态过程，错误的发生不可避免，诸多因素为其提供了滋生土壤。

1. 技术创新活动的主体是人

李兆友[114]提出技术创新是由创新主体参与的一种特殊社会实践活动，主体的创新认知与创新实践的相互作用贯穿于整个过程之中。这一观点体现了技术创新是创新主体的对象化活动过程，创新主体是技术创新活动目的能否顺利实现的决定性因素。奥地利哲学家卡尔·波普尔（Karl Popper）曾说："人是生物机体，一切生物机体都要犯错。"[115]冯玲、汪阳[116]指出，在技术创新决策的各个环节，决策者往往会受到心理和认知因素的影响，产生如情境依赖、信息瀑布、过度自信、确认性偏差、羊群效应等行为金融现象，从而形成错误的决策行为。由于人的行为活动总是受人的主观能动性支配，人对客观世界的认识总是伴有一定的自我主观价值判断，因此，在技术创新过程中，无论是管理者，还是执行者，都会不同程度地因主观臆断而犯各种或大或小的错误。

2. 技术创新活动具有探索性

企业技术创新是面向未来的一次性活动，受技术、市场、生态环境、制度政策等众多不确定因素的影响。技术创新的探索性本质意味着创新者不能完全预测技术创新过程中发生的所有事情。即使技术创新项目经过精心计划，仍然会有在技术创新项目管理过程中因产生预想不到的事情而导致项目脱离正常轨道的时候,也就是说技术创新项目实施过程经常会出现一些问题、缺陷或错误,需要不断地调整和修正。

3. 技术创新项目具有复杂性

技术创新项目的复杂性表现为信息的复杂性和知识的复杂性。信息的复杂性在于信息量大、变化速度快、显示方式多样,存在"信息雪盲"现象;知识的复杂性在于知识总是以反映事物本质的规律性和表现事物现象的无规律性的统一体出现的。解脱"信息雪盲"的困扰,从事物现象挖掘本质并没有直接的通道,需要借助于人的理性思维进行假设、分析、推理和判断,有时候还需要依靠人的感性思维来产生灵感,如想象、直觉和顿悟等。因此,信息和知识的复杂性为创新者在认知和实践过程中出现错误创设了可能性空间。

4. 技术创新实施依赖于团队的协作性

团队的协作性很大程度上体现为团队成员之间信息的有效沟通。信息沟通的本质是信息的传递。由于受到外界的干扰以及信息源与信息接收者之间知识水平、理解能力和情感支配等方面的差异,加之信息传递渠道本身的缺陷等,信息传递不能有效运行,导致信息在传递过程中常常出现丢失、失真和重复等现象。沟通的失效将导致创新活动的疏漏和错误。

5.1.2 人因错误的产生过程

在技术创新过程中,企业虽然受众多外部因素(不可控制因素)的制约和影响,如宏观经济形势、行业发展动态、新技术出现、新材料应用等,但技术创新团队或个人作为创新决策和执行的主体,对于创新的结果起着决定性作用。根据行为心理学的观点,人的行为模式可表示为刺激-机体-反应,即人们在进行有目的的活动时,通常都要经历感知、识别判断、行动操作三个阶段。技术创新个体如果在这三个阶段可以全面真实地感知外界的信息,做出准确判断和正确的决策,并采取积极有效的行动,将取得良好的效果;反之,如果创新个体接收信息不清、判断决策失误或行动受阻,就会产生错误事件,导致不能完成预期的目的。由此可知,技术创新人因错误行为主要表现在三个方面:创新个体感知信息方面的错误、处理信息并做出决策的错误、执行行为时的错误[117]。创新个体在每一个行为阶段都可能受自身因素、情境状态因素以及组织因素的影响而产生错误,若多重错误经过耦合,突破防御屏障,最终将导致错误事件的发生,即人因错误的外部表现形式。综上分析,技术创新人因错误是指企业在技术创新活动中,人的感知、解释/决策/计划、执行等行为因受到自身因素、情境状态和组织因素的综合影响而产生错误,从而导致其未能完成规定的任务或达到预期的目的。企业技术创新人因错误产生机理如图 5-1 所示。

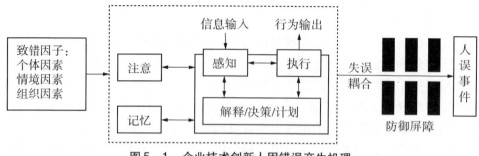

图 5-1　企业技术创新人因错误产生机理

5.1.3　人因错误的表现形式

企业技术创新错误事件的发生主要是由人的干预而产生的。因此，技术创新错误模式是描述人误的表现形式。人误的产生是一个由内而外不断发展的过程，它包含潜在型与显现型[118]两种形式。潜在型人误是引发显现型人误的内在原因，显现型人误是潜在型人误表现出来的可直接观察到的现象。

1. 潜在型人误模式

潜在型人误与人的行为模式密切相关。人的认知行为过程主要包括三个阶段：①创新个体对外部的刺激产生感知；②创新个体结合自己的知识、技能和经验，采用比较、推理、归纳、重构、纠正等认知技能对感知到的信息进行处理/决策；③创新个体采取行动来完成任务，执行行为一般作用于机器或人。同时，在人的整个行为过程中，注意和记忆作为人的内在属性，起着重要作用。因此，潜在型人误主要描述人在技术创新过程中感知信息、做出决策和采取行动过程中出现的错误，具体可以分为感知错误、注意分配不当、记忆错误、决策错误和行动错误。如：在项目选择和决策阶段，决策者由于过度自信而认为新产品具有良好前景时，往往会忽视销售部门提供的关于市场需求容量有限的数据，以及研发部门提出的未来新替代品的出现会带来的威胁等；在实体开发阶段，实验人员对以往信息回忆错误，造成实验的失败等；在生产阶段，技术工人由于情绪的波动而导致动作的延迟、提早或动作顺序的错乱等。潜在型人误模式具体表现见表 5-1。

表 5-1 潜在型人误模式

认知过程	失误模式	解释
感知	完全没有感知到信息 感知到的信息不完整 感知到多余的干扰信息 感知到误导的信息	没有感知到所需信息，出现信息缺口 感知到的信息不够全面和充分 感知到的信息过多，对正确判断产生干扰 感知到的信息本身存在错误
注意	注意不足 注意过度	由于注意不足而错过某些信息 由于过度关注某一信息而错过其他重要信息
记忆	遗忘 回忆不充分 回忆不正确	没有在特定的环境下回忆起需要的信息 只回忆起所需信息的一部分 回忆的信息与真实信息存在偏差
解释/决策/计划	决策瘫痪 决策片面 决策错误	在某环境下未能做出决策 做出了不充分的决策 做出了不切合实际的决策
执行	没有采取行动 行动顺序颠倒 行动迟缓 执行与目标无关的行为 执行与目标违背的行为 隐瞒错误行为	应该执行的行为被遗漏 两个邻近的行为执行顺序被颠倒 行动执行效率低下 执行了与完成目标不相关的行为 执行了对完成目标不利的行为 故意隐瞒已经存在的错误行为

2. 显现型人误模式

显现型人误模式是潜在型人误模式表现出来的可直接观察和度量的现象。企业技术创新往往是通过项目的形式来完成的。显现型人误模式可以通过项目成功的标准来刻画。传统项目管理的成功标准认为项目的成功就是在预算内按进度完成并达到预定的质量[119-123]，即满足进度、预算，以及质量要求的铁三角标准。铁三角标准只涉及技术开发过程，没有考虑所有项目干系人的需求和期望。由于企业技术创新不仅仅局限于创新产品的研发，还涉及创新产品的商业化应用。因此，一个满足时间、费用和质量要求的技术创新项目并不能保证成功的商业化应用，要真正实现技术创新项目的成功，需要在管理过程中识别项目干系人（利益相关者），并与其进行动态的沟通，让其真正参与的项目实施过程中。图曼特（Tumant）[124]指出，界定项目成功的标准应该以满足不同项目干系人的要求为准则，这就要求衡量标准必须更加系统和全面。德威特

(Dewit)[125]指出，项目成功的界定在满足铁三角标准的基础上，还应该从每个管理层次角度充分考虑项目干系人在整个项目生命周期中的目标。项目干系人一般包括项目发起人、项目成员、用户、合作方、政府、公众等。本书将满足各利益相关者的要求和铁三角标准相结合，将企业技术创新项目实施过程中可以直接监控到的显现型人误模式分为如下七类：时间类、成本类、质量类、功能类、安全类、人员类和合作类，具体表现形式见表5-2。

表5-2 显现型人误模式

维度	错误模式	解释
时间类	实际进度出现偏差	任务完成的实际时间大于或小于计划时间
成本类	实际费用投入出现偏差	任务消耗的实际费用大于或小于预算开支
质量类	实际质量出现偏差	任务完成的质量没有达到预期的质量要求
功能类	功能与实际需求不吻合	产品的功能无法满足或完全满足用户的需求
安全类	受到政府或公众的反对	创新投入或产出违背了相关法律和道德的要求
人员类	团队成员存在不满情绪	项目成员没有实现个人目标、工作氛围不和谐
合作类	合作不顺利、不愉快	合作方没有从中获得利益

5.2 企业技术创新系统构建

贝塔朗菲（L. V. Bertalanffy）[126]在20世纪40年代提出的一般系统理论研究了自然界和社会中存在的一切系统所服从的共同原理与规律，认为系统是结构与功能的统一体，系统要素构成系统整体，并通过系统结构这个中介产生了系统的属性与功能。因此，系统是由相互联系、相互作用的诸要素组成的具有特定结构和功能的有机整体[127]。显然，系统的整体功能是由各要素的功能基于系统结构复合而成的。林福永[128]指出，复杂系统要素之间的关联，以及系统与环境之间的关联，往往是通过信息流、物流、资金流等所谓的关系流建立起来的，这些关系流的集合就是一种系统结构。系统功能的实现依赖于系统要素间关系流的合理流动，反之，若系统中某一要素出现错误，错误必然以关系流为载体，沿系统结构所形成的网络进行传递，最终将造成系统功能的失效。因此，要对企业技术创新系统中的错误进行诊断，必须明确系统的结构。关于企业技术创新系统结构模型的建立，现有文献主要通过分析技术创新的影响因素，采用ISM技术[129-130]构建系统结构，难以反映错误在企业技术创新系统中的传递情况。在图论中，有向图是一种由许多节点和弧线组成的，用来对所要研究的系统结构进行描述的图形,具有直观、形象、易于交流和操作等特点。因此,借助于有向图把企业技术创新系统转化为图论模型来定位错误源,便于直观地了解错误在系统中的传播路径。

5.2.1 基本概念与假设

定义 5-1 将具有明确输入和输出关系流的创新任务、模块或子系统等抽象为节点。为了确保系统的有向图模型只有一个起点和一个终点,另外增加两个虚拟节点,作为始节点和终节点。这样,企业技术创新系统的要素集合可以表示为

$$V = \{v_i | v_i \in S, v_i = 0,1,2,\cdots,n,n+1,n \geq 2\},$$

其中,v_i($i=1,2,\cdots,n$)表示构成技术创新活动的具体任务、模块或子系统;v_0是系统的始节点,始节点直接邻接于系统内部的某一节点或某些节点,表示企业技术创新系统通过始节点从系统环境获得输入;v_{n+1}是系统的终节点,系统的某一节点或某些节点邻接于终节点,表示系统功能通过终节点直接对环境产生影响,从而改变环境的状态。

定义 5-2 将任务或子系统之间的直接依赖关系抽象为节点之间的连线或边,边的方向代表着两节点之间作用关系的方向。系统中各要素之间的关系集合可以描述为

$$E = \{e_1, e_2, \cdots, e_m\}。$$

系统中节点之间的关系只包括直接影响关系,且节点之间只存在单向的影响关系,不存在环路,即不存在如图 5-2 所示的节点关系。

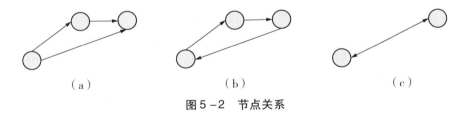

图 5-2 节点关系

定义 5-3 将企业技术创新系统 S 抽象为一个由节点和有向边组成的有向图 G,则企业技术创新系统可表示为

$$G = \{V, E\}。$$

一般系统结构理论认为,系统组成部分之间的关联是通过所谓的关系流建立起来的,并在此基础上,揭示了一般系统环境、结构、状态和行为间存在的一系列固有关系和规律,证明了系统复杂性的根源是系统基层次之上关系环的存在,从而把系统论发展到了具有精确的理论内容并且能够有效解决实际系统问题的高度。

定义 5-4 关系流 $R_{ij}^{t_i}$ 是指在 t_i 时刻要素 v_i 对 v_j 的作用因子流,v_i 通过该作用因子对 v_j 产生作用,使节点 v_i 和 v_j 间产生一定的关联[131],从而使要素 v_j 的状态在 t_j 时刻发生改变,如图 5-3 所示。

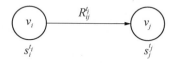

图 5-3 关系 $R_{ij}^{t_i}$

存在如下关系流方程:

$$\Phi(s_i^{t_i}, R_{ij}^{t_i}, s_j^{t_j}) = 0 \qquad (5-1)$$

也可以写成

$$s_j^{t_j} = \phi_j(s_i^{t_i}, R_{ij}^{t_i}) \qquad (5-2)$$

其中,$S_i^{t_i}$ 表示 t_i 时刻要素 v_i 的状态,$S_j^{t_j}$ 表示 t_j 时刻要素 v_j 的状态,关系流 $R_{ij}^{t_i}$ 是一种变量,表示要素 v_i 向要素 v_j 传递的物质、能量和信息,它不仅揭示了要素 v_i 对要素 v_j 产生的作用,而且定量地刻画了要素 v_i 对 v_j 作用量的大小。在不同系统中,$R_{ij}^{t_i}$ 表示不同的量。如在力学系统中,它构成了系统中要素之间的作用力 F;在电学系统中,它指系统要素间的电流 I。但是,对于任一实现既定功能的系统 $S(n)$ 来讲,它的关系流方程是客观存在的,且由相应的客观规律决定,具有具体的表达形式。

根据定义 5-1 和定义 5-4,对系统的某一节点而言,存在输入关系流和输出关系流,如图 5-4 所示。节点 v_i 在 t_i 时刻通过关系流 $R_{ij}^{t_i}$ 对节点 v_j 产生作用,并使节点 v_j 在 t_j 时刻输出关系流 $R_{jk}^{t_j}$ 对节点 v_k 产生作用。对于节点 v_j,$R_{ij}^{t_i}$ 是输入关系流,$R_{jk}^{t_j}$ 是输出关系流。

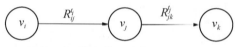

图 5-4 输入关系流与输出关系流

根据一般系统结构理论[131-133]，系统行为是系统内部状态和系统输入的函数。一个系统中的任何要素都可以看成是更小的子系统，如果把系统要素的输出关系流看成该要素的行为，那么，在某时刻，系统某一要素的输出关系流就是该要素状态和输入关系流的函数，即存在关系流方程

$$R_{jk}^{t_i} = \Psi_j(R_{ij}^{t_i}, s_j^{t_j}) \tag{5-3}$$

也可以写成

$$s_j^{t_j} = \psi_j(R_{ij}^{t_i}, R_{jk}^{t_i}) \tag{5-4}$$

定义5-5[131] 系统 $S(n)$ 从 t_1 到 t_k 时刻具有 k 个关系 $R_{p+i-1,p+i}^{t_i}$ ($i=1, 2, \cdots, k; k \geq 2; v_{p+k} = v_p$)，如图5-5所示，那么，关系 $R_{p+i-1,p+i}^{t_i}$ ($i=1, 2, \cdots, k; k \geq 2; v_{p+k} = v_p$) 的集合称为关系环，记为

$$Y(k) = \{v_{p+i-1}, R_{p+i-1,p+i}^{t_i} | i=1,2,\cdots,k; k \geq 2; v_{p+k} = v_p\} \tag{5-5}$$

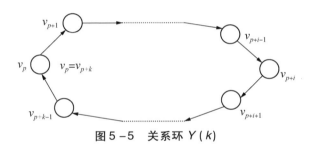

图5-5 关系环 $Y(k)$

企业技术创新系统作为一个复杂系统，在技术创新过程中，其各要素的状态和输出关系流往往是随时间而动态变化的，存在着信息反馈和回流现象，因此，本书引入时间因素，基于上述定义做出如下假设。

假设5-1 企业技术创新系统内各节点的输入和输出关系流是可观测的，但节点本身的状态不容易观测，可以通过评价其输入和输出关系流的值推理得到。

假设5-2 某节点的输出关系流可以看作其紧后节点的输入关系流。

假设5-3 系统环境的状态可以直接观测得到。

假设5-4 企业技术创新系统从环境获得输入到输出需要一定的时间。假定系统始节点在时刻 t_0 向系统输入物质、能量和信息等，系统内各节点的输出时间分别为 $t_1, t_2, \cdots, t_n$，系统终节点对外部环境的作用时间为 t_{n+1}，这里的 $t_0, t_1, t_2, \cdots, t_n, t_{n+1}$ 只是时间的标识，并不表示时间的先后次序关系。

假设5-5 企业技术创新系统内各节点在当前输出时刻的状态分别为 $s_i^{t_i}$，

输出关系流为 $R_{ij}^{t_i}$；上一次输出时刻的状态为 $\bar{s}_i^{t_i}$，输出关系流为 $\overline{R_{ij}^{t_i}}$。

5.2.2 系统要素间的关联关系

企业技术创新系统会因实现不同的功能而呈现出不同的结构状态。系统结构是为实现系统功能而服务的，表现为系统要素状态及其相互作用关系的总和。构成企业技术创新系统要素之间的关系虽然多种多样，但从系统功能实现的角度看，系统要素间相互作用的关系大体可以分为五类。

(1) 单向完全依从关系。对于系统 S 要实现某一特定功能，若要素 v_j 提供的功能依赖且仅依赖于将要素 v_i 的输出关系流作为它的输入条件，即要素 v_j 的功能实现程度完全由要素 v_i 的输出关系流决定，对应地，要素 v_i 的输出关系流只有完全作用于要素 v_j，它的功能才能体现价值，则对于系统 S 的该特定功能而言，这两个要素的关系 R_{ij} 是单向完全依从关系。没有要素 v_i，要素 v_j 将成为无源之水，完全不能实现其在系统中应有的功能；同样，没有要素 v_j，要素 v_i 将输出无路，其功能将无处释放，从而不能发挥其作用。

(2) 相互独立关系。对于系统 S 要实现某一特定功能，若要素 v_i 和 v_j 分别提供的功能在实现过程中彼此互不影响，不存在任何物质、能量和信息的交换，则对于系统 S 的该特定功能而言，这两个要素的关系是彼此相互独立关系。

(3) 输入竞争关系。对于系统 S 要实现某一特定功能，若要素 v_i 和 v_j 实现其功能所需要的某种输入完全是由要素 v_k 的功能提供的，没有其他输入来源，且要素 v_i 和 v_j 在实现其功能的过程中，彼此之间不存在任何物质、能量和信息的交换，相互独立，则对于系统 S 的该特定功能而言，要素 v_i 和 v_j 之间的关系是相对于要素 v_k 的输入竞争关系。若要素 v_k 的功能输出能够完全满足 v_i 和 v_j 两要素实现其功能的输入要求，则竞争不会出现，称此时的状态为竞争潜伏状态；若要素 v_k 的功能输出不足以满足二者的输入需求时，则 v_i 和 v_j 之间就会展开竞争，称此时的状态为竞争激化状态，这时，要素 v_i 和 v_j 所获得输入量的大小将取决于各自的竞争实力。

(4) 输出合作关系。对于系统 S 要实现某一特定功能，若要素 v_k 实现其功能所需要的输入由 v_i 和 v_j 两个要素的功能提供，且要素 v_i 和 v_j 在实现其功能的过程中，彼此之间不存在任何物质、能量和信息的交换，相互独立，则对于系统 S 的该特定功能而言，要素 v_i 和 v_j 之间的关系是相对于要素 v_k 的输出合作关系。若要素 v_i 和 v_j 两要素的功能输出能够完全被要素 v_k 所接受，则二者合作正常，称此时的状态为合作正常状态；若要素 v_i 和 v_j 的输出量过剩或相互矛盾时，则二者之间就会出现冲突，称此时的状态为合作冲突状态，这时，要素 v_k

获得的输入量，取决于要素 v_i 和 v_j 的协调程度，可以通过从外部施加作用来促进双方的协调。

（5）蕴涵关系。对于系统 S 要实现某一特定功能，要素 v_i 与 v_k 为了实现各自的功能，二者之间存在关系 R_{ik}，若在出现条件 L 的情况下，要素 v_j 与 v_k 也会产生同样的关系 R_{jk}，否则，要素 v_j 与 v_k 彼此相互独立，不存在任何关系，则对于系统 S 的该特定功能而言，相对于要素 v_k，要素 v_i 在条件 L 下蕴涵 v_j，记为 $s_i \Rightarrow (L) s_j$，且 $s_k = \varphi_k(s_i, s_j, R_{ik}, R_{jk})$。

5.2.3 系统的基本结构

宋华岭[134]指出，企业系统是一个（不同层次间）多层次、（同一层次中）多因素的复合结构系统，其复杂性体现在层次间、因素间的关系，以及信息传递的相互关系上，并认为企业管理系统复杂性可以从结构复杂性、功能复杂性和信息转化复杂性三方面来评价。作为经济社会领域最常见的企业技术创新系统，其复杂性不言而喻。李习彬[135]指出，人工系统、社会系统的结构，即其子系统的划分与功能分配，完全是其创造者或组织者主观信息的产物，其组织状态浸透着组织创造者关于系统组织结构的知识。基于以上分析，本书认为企业技术创新系统就是为了实现特定的功能而人为地将若干个实现不同功能的要素或子系统通过各种关系流进行连接组合而形成的一个复杂人工系统。企业技术创新系统的复杂性决定了分别研究每一个系统的结构是不现实的，通过"分解-整合"的思想研究系统结构，更符合人类的认知规律。因此，本书采用"分解-整合"的思想，先探究基本结构系统的人因错误传递规律和诊断方法，再通过基本结构的组合和优化，基于系统的整体结构展开综合研究。在控制论中，一般讨论的系统结构有开环串联系统、开环并联系统和闭环反馈系统，认为由这三种类型的系统可以通过串联或并联的方式组成更加复杂的系统[127]。作者通过对大量实际系统的分析和考察，将企业技术创新系统的基本结构细分为串联型、并联型、反馈型、扩缩型（包括放射型和收缩型）、蕴涵型和其他基本型六种类型，并考虑到系统中关系流的流动需要一定的时间，引入时间因素 t，从动态角度对系统的基本结构进行定义。

（1）串联型结构系统。若系统 $S(n)$ 在实现某一特定功能时，系统的任一对要素（包括始节点和终节点）要么不存在任何关系，要么满足且仅满足单向完全依从关系，则称该系统为串联型结构系统，如图5-6所示，用数学关系式表达为

$$\begin{cases} s_1^{t_1} = \varphi_1(s_0^{t_0}, R_{01}^{t_0}) \\ s_2^{t_2} = \varphi_2(s_1^{t_1}, R_{12}^{t_1}) \\ \vdots \\ s_{n+1}^{t_{n+1}} = \varphi_{n+1}(s_n^{t_n}, R_{n,n+1}^{t_n}) \end{cases} \quad (5-6)$$

由式（5-6）可得

$$s_{n+1}^{t_{n+1}} = \varphi_{n+1}(\varphi_n(\cdots\varphi_2(\varphi_1(s_0^{t_0}, R_{01}^{t_0}), R_{12}^{t_1}), \cdots, R_{n-1,n}^{t_{n-1}}, R_{n,n+1}^{t_n}) \quad (5-7)$$

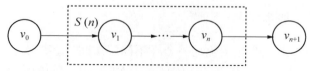

图 5-6 串联型结构系统

（2）并联型结构系统。若系统 $S(n)$ 在实现某一特定功能时，系统 $S(n)$ 内所有要素相对于始节点 v_0 而言都是输入竞争关系，相对于终节点 v_{n+1} 而言都是输出合作关系，且系统内各要素之间相互独立，则称该系统为并联结构型系统，如图 5-7 所示，用数学关系式表达为

$$\begin{cases} s_1^{t_1} = \varphi_1(s_0^{t_0}, R_{01}^{t_0}) \\ \vdots \\ s_n^{t_n} = \varphi_n(s_0^{t_0}, R_{0,n-1}^{t_0}) \\ s_{n+1}^{t_{n+1}} = \varphi_{n+1}(s_1^{t_1}, \cdots, s_n^{t_n}, R_{1,n+1}^{t_1}, \cdots, R_{n,n+1}^{t_n}) \end{cases} \quad (5-8)$$

由式（5-8）可得

$$s_{n+1}^{t_{n+1}} = \varphi_{n+1}(\varphi_1(s_0^{t_0}, R_{01}^{t_0}), \cdots, \varphi_n(s_0^{t_0}, R_{0,n-1}^{t_0}), R_{1,n+1}^{t_1}, \cdots, R_{n,n+1}^{t_n}) \quad (5-9)$$

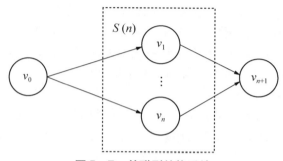

图 5-7 并联型结构系统

(3) 反馈型结构系统。若系统 $S(n)$ 在实现某一特定功能时，系统 $S(n)$ 的始节点 v_0 和某要素 v_n 相对于另一要素 v_1 是输出合作关系，终节点 v_{n+1} 和某一要素 v_{k+1} 相对于另一要素 v_k 是输入竞争关系，且系统的所有要素，除去始节点和终结点之外，构成一个关系环，则称该系统为反馈型结构系统，如图 5-8 所示，用数学关系式表达为

$$\begin{cases} s_1^{t_1} = \varphi_1(s_0^{t_0}, \bar{s}_n^{t_n}, R_{01}^{t_0}, \bar{R}_{n1}^{t_0}) \\ s_2^{t_2} = \varphi_2(s_1^{t_1}, R_{12}^{t_1}) \\ \vdots \\ s_k^{t_k} = \varphi_k(s_{k-1}^{t_{k-1}}, R_{k-1,k}^{t_{k-1}}) \\ \bar{s}_{k+1}^{t_{k+1}} = f_{k+1}(\bar{R}_{k,k+1}^{t_k}, \bar{R}_{k+1,k+2}^{t_{k+1}}) \\ \vdots \\ \bar{s}_n^{t_n} = f_n(\bar{R}_{n-1,n}^{t_{n-1}}, \bar{R}_{n1}^{t_n}) \\ s_{n+1}^{t_{n+1}} = \varphi_{n+1}(s_k^{t_k}, R_{k,n+1}^{t_k}) \end{cases} \quad (5-10)$$

由式（5-10）可得

$$s_{n+1}^{t_{n+1}} = \varphi_{n+1}(\varphi_k(\varphi_{k-1}(\cdots\varphi_2(\varphi_1(s_0^{t_0}, f_n(\bar{R}_{n-1,n}^{t_{n-1}}, \bar{R}_{n1}^{t_n}), R_{01}^{t_0}, \bar{R}_{n1}^{t_n}), R_{12}^{t_1}), \cdots), R_{k-1,k}^{t_{k-1}}), R_{k,n+1}^{t_k}) \quad (5-11)$$

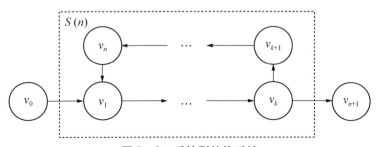

图 5-8 反馈型结构系统

(4) 放射型结构系统。若系统 $S(n)$ 在实现某一特定功能时，系统 $S(n)$ 的始节点 v_0 与系统内有且仅有一个要素 v_1 之间满足单向完全依从关系，且系统内其余要素相对于要素 v_1 满足输入竞争关系，相对于终节点 v_{n+1} 满足输出合作关系，则称该系统为放射型结构系统，如图 5-9 (a) 所示，用数学关系式表达为

$$\begin{cases} s_1^{t_1} = \varphi_1(s_0^{t_0}, R_{01}^{t_0}) \\ s_2^{t_2} = \varphi_2(s_1^{t_1}, R_{12}^{t_1}) \\ \vdots \\ s_n^{t_n} = \varphi_n(s_1^{t_1}, R_{1n}^{t_1}) \\ s_{n+1}^{t_{n+1}} = \varphi_{n+1}(s_2^{t_2}, \cdots, s_n^{t_n}, R_{2,n+1}^{t_2}, \cdots, R_{n,n+1}^{t_n}) \end{cases} \quad (5-12)$$

由式（5-12）可得

$$s_{n+1}^{t_{n+1}} = \varphi_{n+1}(\varphi_2(\varphi_1(s_0^{t_0}, R_{01}^{t_0}), R_{12}^{t_1}), \cdots, (\varphi_n(\varphi_1(s_0^{t_0}, R_{01}^{t_0}), R_{1n}^{t_1}), R_{2,n+1}^{t_2}, \cdots, R_{n,n+1}^{t_n}) \quad (5-13)$$

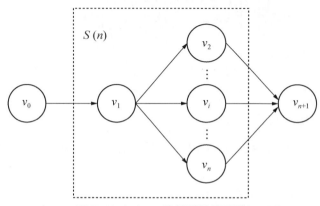

图 5-9 (a)　放射型结构系统

（5）收缩型结构系统。若系统 $S(n)$ 在实现某一特定功能时，系统 $S(n)$ 内有且只有一个要素 v_n 与终节点 v_{n+1} 满足单向完全依从关系，且系统内其余要素相对于要素 v_n 满足输出合作关系，相对于始节点 v_0 满足输入竞争关系，则称该系统为收缩型结构系统，如图 5-9(b) 所示，用数学关系式表达为

$$\begin{cases} s_1^{t_1} = \varphi_1(s_0^{t_0}, R_{01}^{t_0}) \\ \vdots \\ s_{n-1}^{t_{n-1}} = \varphi_{n-1}(s_0^{t_0}, R_{0,n-1}^{t_0}) \\ s_n^{t_n} = \varphi_n(s_1^{t_1}, \cdots, s_{n-1}^{t_{n-1}}, R_{1n}^{t_1}, \cdots, R_{n-1,n}^{t_{n-1}}) \\ s_{n+1}^{t_{n+1}} = \varphi_{n+1}(s_n^{t_n}, R_{n,n+1}^{t_n}) \end{cases} \quad (5-14)$$

由式（5-14）可得

$$s_{n+1}^{t_{n+1}} = \varphi_{n+1}(\varphi_n(\varphi_1(s_0^{t_0}, R_{01}^{t_0}), \cdots, \varphi_{n-1}(s_0^{t_0}, R_{0,n-1}^{t_0}), R_{1n}^{t_1}, \cdots, R_{n-1,n}^{t_{n-1}}), R_{n,n+1}^{t_n}) \quad (5-15)$$

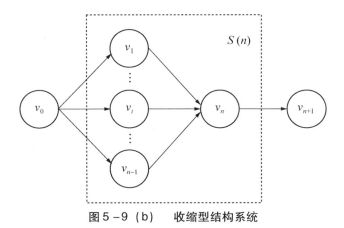

图 5-9 (b) 收缩型结构系统

(6) 蕴涵型结构系统。若系统 $S(n)$ 在实现某一特定功能时，系统 $S(n)$ 的始节点 v_0 与系统内有且仅有一个要素 v_1 之间满足单向完全依从关系，v_1 与终节点 v_{n+1} 之间满足单身完全依从关系，相对于终节点 v_{n+1}，在出现特定的条件下，要素 v_1 相应地蕴含系统内的其余节点，则称该系统为蕴含型结构系统，如图 5-10 所示，用数学关系式表达为

$$\begin{cases} s_1^{t_1} = \varphi_1(s_0^{t_0}, R_{01}^{t_0}) \\ s_1^{t_1} \Rightarrow (L_{12}) s_2^{t_2} \\ \vdots \\ s_1^{t_1} \Rightarrow (L_{1n}) s_n^{t_n} \\ s_2^{t_2} \Rightarrow (L_{23}) s_3^{t_3} \\ \vdots \\ s_{n-1}^{t_{n-1}} \Rightarrow (L_{n-1,n}) s_n^{t_n} \\ s_{n+1}^{t_{n+1}} = \varphi_{n+1}(s_1^{t_1}, \cdots, s_i^{t_i}, \cdots, s_k^{t_k}, R_{1,n+1}^{t_1}, \cdots, R_{k,n+1}^{t_k}) \\ s_i^{t_i} = \varphi_i(s_0^{t_0}, R_{0i}^{t_i}) \end{cases} \quad (5-16)$$

由式 (5-16) 可得

$$s_{n+1}^{t_{n+1}} = \varphi_{n+1}(\varphi_1(s_0^{t_0}, R_{01}^{t_0}), \cdots, \varphi_i(s_0^{t_0}, R_{0i}^{t_i}), \cdots, \varphi_k(s_0^{t_0}, R_{0k}^{t_k}), R_{1,n+1}^{t_1}, \cdots, R_{k,n+1}^{t_k})$$
(5-17)

从式 (5-17) 可知，终节点的状态是由满足条件的系统要素的功能输出关系流共同决定的。

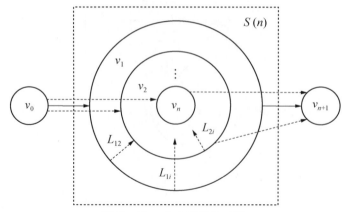

图 5-10 蕴含型结构系统

（7）其他型结构系统。现实中企业管理系统作为一个大系统，往往目标多样且功能综合，具有子系统繁多且互相嵌套，结构复杂且信息通道网络化等特点，因此，并非通过上述五种系统基本结构进行组合就可以完全涵盖，为了确保系统基本结构研究的完备性，这里单独列出一种"其他型结构系统"。

由于系统具有组合复杂性和动态复杂性，组合复杂性表明一个复杂系统可由若干个简单的基本结构组合而成，不同的组合方式往往会产生不同的效果，如石墨与金刚石的区别。企业技术创新系统作为一个复杂的人工系统，其目的功能的实现，同样面临着系统基本结构的组合和优化问题。

5.3 人因错误传递规律

一项技术创新成果的产生，需要经过技术开发、样品制造、批量生产、市场开拓与销售等若干环节，才能最终获得显在的经济效益和社会效益。由于受个体因素、组织因素以及创新情境因素的影响，几乎每个环节的管理者和执行者都有出错的可能性，即产生人因错误。一旦某一环节出现问题、缺陷或错误，且没有及时发现并进行相应的调整和修正，错误便会在系统中不断传递、放大和扩散，最终导致项目达不到预期的目标和效果，甚至项目中止、撤销或搁置。为了减少甚至避免人因错误造成的损失，必须从源头上消除错误，防止错误的传播、放大和扩散。找出错误变化、转化和传递的规律是进行错误诊断并制定消避错方案的基础。

5.3.1 人因错误传递的关键要素

企业技术创新系统内部各项活动之间的关联，以及系统与外部环境之间的联系往往是通过信息流、物流和资金流等这样的关系流建立起来的,即系统中的某一活动向另一活动输入关系流,经过创新个体的实施,使其输出新的关系流对其他活动产生影响。因此,企业技术创新人因错误传递是创新个体实施某项创新活动时出现的错误行为所释放的能量,依附于一定的载体,沿技术创新过程所形成的网络传导和蔓延到系统的其他各项活动,并使其产生错误的输出,从而造成项目的最终结果偏离预期目标的过程。

1. 错误源

企业技术创新系统是为了实现决策者赋予其一定的目的功能而存在,创新个体的行为具有明确的目的性。根据行为心理学的观点,人在进行有目的的活动时,通常要依次经历感知、识别判断、行动操作三个阶段。因此,创新个体由于受其自身因素、情境状态因素,以及组织因素的影响,往往会出现感知信息失误、处理信息不当并做出错误决策,以及执行行为出错三个方面的错误,这些错误如果没有被及时发现并纠正,将会通过关系流传递并对其他创新活动产生影响,最终导致技术创新项目的失败。这里将技术创新系统中由于人为因素产生的行为错误,即人因错误,称为错误源,将导致技术创新行为出错的个体因素、情境状态因素,以及组织因素称为致错因子。

2. 错误流

错误流是指由于创新个体的错误行为导致其输出与期望相背离的关系流,可视为蕴含在错误源中的一种具体能量,是错误源的外部表现形式。这些能量随着时空的变化依附于各种载体沿着技术创新过程中的各个流程和功能节点传导和蔓延。随着技术创新进程的推进,各种错误流利用创新活动之间的业务关联而产生耦合,依次达到增强、减弱或转化,从而影响整个系统的错误状态。人们发现,无论是在现实生活中还是在商业活动中,一旦出现某个错误,似乎原本很成功的人生或者事业就会突然转向,接下来会发生一连串不可思议的错误[136],这其实不是命运的安排,而是错误传递的结果。错误流作为影响企业技术创新成败的一种特殊能量,具有流动性、依附性、耦合性等特点。

3. 错误载体

错误流将随着时间的变化依附于某些有形或无形的事物在技术创新过程中被传导,将承载或传递这些错误流的有形或无形的事物称作错误载体。按照载体的存在形态可以把错误载体分为物质载体、资金载体、信息载体等。当错误依附于这些载体在系统中传递时,就会分别形成物质错误流、资金错误流和信息错误流等。承载错误流并不是错误载体的唯一功能,"承载"是为"传导"提供前提和条件。对于企业技术创新系统而言,从技术研发、中试生产到市场销售过程都需要多个功能节点共同参与,因此错误流会通过技术创新流程在各个节点间累积和扩散,而当错误载体承载着由于技术创新人因错误而产生的各种错误流相互作用时,错误流便会随着企业技术创新活动的进行依附于企业的功能节点进行传导。

5.3.2 人因错误传递基本模型

在企业技术创新系统中,若将某项具体创新活动抽象为功能节点,可用实施创新活动的主体状态表示功能节点的状态,该创新活动输出的关系流对其他创新活动产生的影响抽象为功能节点之间的有向边,这样由功能节点和有向边构成的复杂网络结构就形成了企业技术创新人因错误传递的路径。根据消错学中的错误逻辑[67],要对现实世界中的具体事物进行描述,可以用错误集将其表达为一个对象 $u(t) = (U, S(t), \vec{p}, T(t), L(t), x(t), G(t))$。为了便于研究企业技术创新系统人因错误的传递规律,本书将 t 时刻的某技术创新活动 v_i 抽象为 $u_i(t) = (U_i, S_i(t), \vec{p}, T_i(t), L_i(t), x_i(t), G_i(t))$,这里的 $T_i(t)$ 用技术创新活动节点 v_i 的输出关系流 RFO_i 描述,$L_i(t)$ 表示输出关系流的量值,$x_i(t)$ 用来表示输出关系流的错误值,$G_i(t)$ 表示判别该节点输出关系流错误的规则,可以将某节点对输入关系流的要求作为对其紧前节点输出关系流的判别规则。根据错误流的流动线路,下面将人因错误传递的基本规律分为错误进化、错误集聚和错误繁殖三种基本途径进行分析。

定义 5-6 如果节点 v_i 的输出错误可直接导致节点 v_j 的输出也是错误的,则称 v_i 和 v_j 存在错误传递关系,用 Rf 表示这种关系,记作 $v_i Rf v_j$。

1. "错误进化"模型——"一对一"传递

若功能节点 v_i 的输出错误导致功能节点 v_j 的输出错误,则称 v_j 的输出错误是由 v_i 的输出错误进化而来,记作 $v_i Rf v_j$。"错误进化"模型如图 5-11 所示。

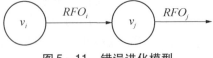

图 5-11 错误进化模型

假定功能节点 v_i 输出关系流的错误值为 x_i,功能节点 v_j 输出关系流的错误值为 x_j,根据错误函数的定义,存在如下关系式:

$$\begin{cases} x_i = f_i(RFO_i, G_i) \\ x_j = f_j(RFO_j, G_j) \end{cases} \quad (5-18)$$

由于判别规则 G 是决策者对判别对象事先确定的评价标准,可以看作常数,因此,关系流的错误值是关系流自身量值的一元函数,即关系流是错误值

的逆函数。将式（5-18）代入关系流方程式（5-3），可得

$$f_j^{-1}(x_j) = \Psi_j(f_i^{-1}(x_i), s_j) \quad (5-19)$$

将关系流方程式（5-4）代入式（5-19），化简后可得错误传递函数

$$x_j = F_j(x_i, \varphi_j(RFO_i, RFO_j)) \quad (5-20)$$

若 $x_j > x_i$，则节点 v_j 的状态进一步恶化了节点 v_i 的输出错误流，使错误进化增强，称为强进化；若 $x_j < x_i$，则节点 v_j 的状态对节点 v_i 的输出错误流进行了弥补，使错误进化减弱，称为弱进化；若 $x_j = x_i$，则节点 v_j 的状态对节点 v_i 的输出错误流没有产生作用，错误没有发生改变，称为一般进化。可见，技术创新人因错误的进化取决于创新主体的状态与输入关系流的耦合情况。

2. "错误集聚"模型——"多对一"传递

若功能节点 v_i，…，v_j，…，v_k 的输出错误共同导致了功能节点 v_l 的输出错误，则称 v_l 的输出错误为其紧前节点输出错误的集聚，记作（v_i，…，v_j，…，v_k）Rfv_l，"错误集聚"模型如图 5-12 所示。

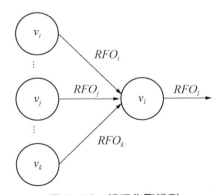

图 5-12　错误集聚模型

假定功能节点 v_i，…，v_j，…，v_k 输出关系流的错误值分别为 x_i，…，x_j，…，x_k，功能节点 v_l 输出关系流的错误值为 x_l，根据错误函数的定义，存在如下关系式：

$$\begin{cases} x_i = f_i(RFO_i, G_i) \\ \cdots \\ x_j = f_j(RFO_j, G_j) \\ \cdots \\ x_k = f_k(RFO_k, G_k) \\ x_l = f_l(RFO_l, G_l) \end{cases} \quad (5-21)$$

将式（5-21）代入关系流方程式（5-3），可得

$$f_l^{-1}(x_l) = \Psi_l(f_i^{-1}(x_i),\cdots,f_j^{-1}(x_j),\cdots,f_k^{-1}(x_k),s_l) \quad (5-22)$$

将关系流方程（5-4）代入式（5-22），化简后可得错误传递函数

$$x_l = F_l(\alpha_i x_i,\cdots,\alpha_j x_j,\cdots,\alpha_k x_k,\varphi_l(RFO_i,\cdots,RFO_j,RFO_k,RFO_l))$$

$$(5-23)$$

其中，$a_i,\cdots,a_j,\cdots,a_k$ 为错误值的权重，表示对节点 v_l 输出错误的影响程度，满足 $a_i+\cdots+a_j+\cdots+a_k=1$。若 $x_l > \max\{x_i,\cdots,x_j,\cdots,x_k\}$，则节点 $v_i,\cdots,v_j,\cdots,v_k$ 的输出错误流在节点 v_l 上集聚，发生正向耦合，从而使错误程度增强，产生错误的集聚放大效应；若 $x_l < \min\{x_i,\cdots,x_j,\cdots,x_k\}$，则节点 $v_i,\cdots,v_j,\cdots,v_k$ 的输出错误流在节点 v_l 上集聚，发生负向耦合，通过相互冲突和弥补，使错误程度缩小，产生错误的集聚削弱效应；若 $x_l \in [\min\{x_i,\cdots,x_j,\cdots,x_k\},\max\{x_i,\cdots,x_j,\cdots,x_k\}]$，则节点 $v_i,\cdots,v_j,\cdots,v_k$ 的输出错误流在节点 v_l 上集聚，耦合性不强，没有产生明显的集聚效应。可见，技术创新人因错误的集聚取决于创新主体的状态对输入关系流的整合效果。

3. "错误繁殖"模型——"一对多"传递

若功能节点 v_i 的输出错误导致了功能节点 $v_j,\cdots,v_k,\cdots,v_l$ 的输出均出现错误，则称 v_i 的输出错误在传递过程中出现了繁殖，记作 $v_i Rf(v_j,\cdots,v_k,\cdots,v_l)$，"错误繁殖"模型如图 5-13 所示。

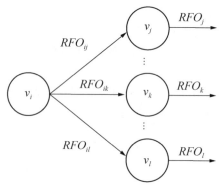

图 5-13　错误繁殖

假定功能节点 v_i 输出关系流的错误值分别为 $x_{ij},\cdots,x_{ik},\cdots,x_{il}$，功能节点 $v_j,\cdots,v_k,\cdots,v_l$ 输出关系流的错误值分别为 $x_j,\cdots,x_k,\cdots,x_l$，根据错误函数的定义，存在如下关系式：

$$\begin{cases} x_{ij} = f_i^j(RFO_{ij}, G_{ij}) \\ \vdots \\ x_{ik} = f_i^k(RFO_{ik}, G_{ik}) \\ \vdots \\ x_{il} = f_i^l(RFO_{il}, G_{il}) \\ x_j = f_j(RFO_j, G_j) \\ \vdots \\ x_k = f_k(RFO_k, G_k) \\ \vdots \\ x_l = f_l(RFO_l, G_l) \end{cases} \quad (5-24)$$

将式（5-24）代入关系流方程式（5-3），可得

$$\begin{cases} f_j^{-1}(x_j) = \Psi_j(f_{ij}^{-1}(x_{ij}), s_j) \\ \vdots \\ f_k^{-1}(x_k) = \Psi_k(f_{ik}^{-1}(x_{ik}), s_k) \\ \vdots \\ f_l^{-1}(x_l) = \Psi_l(f_{il}^{-1}(x_{il}), s_l) \end{cases} \quad (5-25)$$

将关系流方程式（5-4）代入式（5-25），化简后可得错误传递函数

$$\begin{cases} x_j = F_j(x_{ij}, \psi_j(RFO_{ij}, RFO_j)) \\ \vdots \\ x_k = F_k(x_{ik}, \psi_k(RFO_{ik}, RFO_k)) \\ \vdots \\ x_l = F_l(x_{il}, \psi_l(RFO_{il}, RFO_l)) \end{cases} \quad (5-26)$$

若节点 x_j，…，x_k，…，x_l 的状态没有对节点 v_i 的输出错误流有效遏制和弥补，则错误将不断衍生和繁殖直至系统崩溃。可见，错误繁殖的范围和程度取决于错误源后续各节点的状态。

5.3.3 应用实例

1. 实例情境

某机床厂通过与一所大学签订技术转让协议，以100万元向这所大学购买了多工位压瓦机专利技术。随后，该机床厂购置了80万元设备开始试制，在

试制过程中，发现购买的专利技术不成熟，存在一定的缺陷，故机床厂对产品结构做了局部调整，并对生产工艺进行了改进。机床厂在整个生产过程中先后投入生产、管理等费用40多万元，并耗费了大量的人力和物力。试制完成后，机床厂继续投入巨资进行宣传推广，并向市场推出了20余台产品进行预销售。结果由于产品质量不过关，经常返修，甚至出现客户退货的情况，从而使该机床厂投入的技术转让费、产品研制费和生产销售费等300多万元无法收回，造成该新产品的开发最终失败。

2. 实例分析

上述案例可看作由研发子系统 S_1、中试生产子系统 S_2 和销售子系统 S_3 三个子系统串联而成的企业技术创新系统。该系统的目的功能是提供让客户满意的商品。目的功能的实现，依赖于研发子系统、中试生产子系统和销售子系统依次输出符合既定规则的关系流。设判别三个子系统输出关系流错误的规则见表5-3。

表5-3 判别输出关系流错误的规则

子系统	错误载体	输出关系流	判别输出关系流错误的规则
研发子系统	技术	技术流	引进技术要成熟，达到行业内先进水平
中试生产子系统	产品	产品流	生产的产品合格
营销子系统	产品	产品流	顾客购买到满意的产品

在该系统的运行过程中，三个子系统中的错误会依附于资金、技术、产品等实际载体在子系统之间传递，从而形成多种错误流。由于关系流传递存在着时间的先后顺序，因此，假设 S_1 中的错误传递到 S_2 的时间为 T_{12}，S_2 中的错误传递到 S_3 的时间为 T_{23}；子系统 S_1，S_2，S_3 上所累积错误的错误值分别为 x_1，x_2，x_3。系统的错误传递过程如图5-14所示。

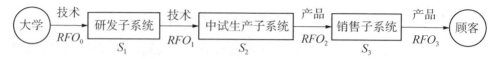

图5-14 企业技术创新系统错误传递过程

（1）初始时刻至 T_{12} 期间的各子系统错误值。假设系统中的活动在初始时刻都是刚成立，在初始时刻至 T_{12} 期间，各子系统的错误还来不及传导，因此，各子系统的错误值 x_i（$i=1,2,3$）分别为以各自的状态和相应规则为自变量的函数，即

$$x_i = f_i(s_i, G_i) \qquad (5-27)$$

式中 $G_i = (G_{i1}, G_{i2}, \cdots, G_{in})^T$ 表示判定子系统 S_i 状态错误的对应规则。

（2）T_{12} 之后，各子系统的累积错误值。由于子系统 S_1 为最低一级子系统，T_{12} 之后，图 5-14 的传导路径上并没有其他错误源将错误传导到 S_1 上来，所以此时 S_1 的错误值依然为以其状态 s_1 和相应规则为自变量的函数。

在 T_{12} 之后，子系统 S_1 的错误将会通过传导载体传递到子系统 S_2 上，根据关系流方程式（5-3），此时 S_1 的输出关系流可看成子系统 S_1 的状态与环境节点输出关系流（即环境向子系统 S_1 的输入关系流）的函数，即

$$RFO_1 = \psi_1(RFO_0, s_1) \qquad (5-28)$$

关系流 RFO_1 传导到子系统 S_2 之后，并不是与 S_2 的状态简单累加形成 S_2 的错误值，而是与 S_2 的状态相迭加，经过耦合使错误增强、转化或减弱，产生新的错误值，即 S_2 的错误值 x_2 可看成是子系统 S_1 的输出关系流与子系统 S_2 的状态及其相应规则的函数，即

$$x_2 = f_{12}(RFO_1, s_2, G_2) \qquad (5-29)$$

若 T_{12} 大于时间 T_{23}，则在 T_{12} 后，子系统 S_2 的错误将会通过传导载体传递到子系统 S_3 上，此时子系统 S_3 的错误值可以看成子系统 S_2 的输出关系流与子系统 S_3 的状态及其相应规则的函数，即

$$x_3 = f_{23}(RFO_2, s_3, G_3) \qquad (5-30)$$

若 T_{12} 小于时间 T_{23}，则在 T_{12} 后，子系统 S_2 的错误还来不及传导到子系统 S_3 上，此时错误值 x_3 可视为系统 S_3 的状态和相应规则的函数。

（3）$T_{12} + T_{23}$ 之后，各子系统的累积错误值。从传导路径看，由于子系统 S_1 和 S_2 为最低一级和次低一级子系统，因此子系统 S_1 和 S_2 的错误值在 $T_{12} + T_{23}$ 之后与 T_{12} 之后没有变化，依然为

$$x_1 = f_1(s_1, G_1) \qquad (5-31)$$

$$x_2 = f_{12}(RFO_1, s_2, G_2) \qquad (5-32)$$

式（5-31）、式（5-32）也可以写成

$$s_1 = g_1(x_1, G_1) \qquad (5-33)$$

$$x_2 = g_{12}(RFO_1, x_2, G_2) \qquad (5-34)$$

$T_{12} + T_{23}$ 之后，子系统 S_2 所累积的错误值将通过风险载体 RFO_2 传递到 S_3 上来，并与 S_3 的状态耦合后，产生新的错误值，S_3 的错误值可以看成子系统 S_2 的输出关系流与子系统 S_3 的状态及其相应规则的函数，即

$$x_3 = f_{23}(RFO_2, s_3, G_3) \qquad (5-35)$$

式（5-35）也可以写成

$$s_3 = g_{23}(RFO_2, x_3, G_3) \qquad (5-36)$$

经过多种关系流的传递，系统最终将通过子系统 S_3 向外部环境输出关系流 RFO_3 来实现系统的目的功能。根据关系流方程式（5-3），有

$$RFO_3 = \Psi_3(RFO_2, s_3) \qquad (5-37)$$

根据错误函数的定义，系统的整体错误值 x 可以看成是关系流 RFO_3 及其相应规则 GO_3 的函数，即有

$$\begin{aligned}
x &= f(RFO_3, GO_3) \\
&= f(\Psi_3(RFO_2, s_3), GO_3) \\
&= f(\Psi_3(\Psi_2(RFO_1, s_2), s_3), GO_3) \\
&= f(\Psi_3(\Psi_2(\Psi_1(RFO_0, s_1), s_2), s_3), GO_3) \\
&= f(\Psi_3(\Psi_2(\Psi_1(RFO_0, g_1(x_1, G_1)), g_{12}(\Psi_1(RFO_0, g_1(x_1, G_1)), x_2, G_2), \\
&\quad g_{23}(\Psi_2(\Psi_1(RFO_0, g_1(x_1, G_1)), g_{12}(\Psi_1(RFO_0, g_1(x_1, G_1)), x_2, G_2)), x_3, G_3), GO_3)
\end{aligned}$$
$$(5-38)$$

由式（5-38）知，系统整体错误值与系统的输入关系流、系统各要素（或子系统）的错误值、判断系统各要素错误的规则，以及判断系统输出关系流错误的规则之间存在固有的关系和规律。

从案例中可以看出，该系统并没有输出令客户满意的产品，即没有实现目的功能，说明系统存在错误。根据公式（5-38），系统的错误取决于企业从大学购买的专利技术、三个子系统的错误值、判断子系统错误的规则，以及判断系统的最终输出关系流（即销售给顾客的商品）错误的规则。

通过分析，研发子系统预先没有对购买的专利产品进行成熟度分析，导致企业购买到不合格的技术，该错误以技术专利为载体传递到中试生产子系统；中试生产子系统虽然对生产工艺进行了改进，但由于研发子系统的错误导致技术本身的缺陷和复杂性，从而使企业生产出了不合格的产品，更致命的是在产品出厂前没有对其质量进行合格检验，致使错误又以不合格产品为载体传递到营销子系统，最终通过营销子系统传递给客户，导致整个技术创新失败，造成不可弥补的损失。

5.4 人因错误源定位方法

可口可乐公司的"新可口可乐"虽然技术上获得了成功，但由于市场调查忽略了产品与文化之间的联系而导致最终的失败[137]；美国铱星公司由于市场定位错误、铱星系统技术不完善而导致的服务不良，以及销售渠道不畅导致的资金匮乏等，多重错误的耦合最终导致其不得不宣布破产[138]。显然，企业技术创新要想获得成功，需要不断发现错误并及时消除错误。对于大多数企业来讲，最大的挑战不是想出解决问题的办法，而是发现需要解决的问题。因此，在技术创新过程中，对错误的有效诊断是企业更为关注的问题，当然也是企业进一步制订消错方案的基础。

5.4.1 基本概念与假设

由于人因错误的传播特点，当检查到某节点的输出关系流存在错误时，并不能马上确定该节点为错误源，因为该错误可能是由其他节点的错误传播过来导致的，这就需要对真正的错误源进行定位。

定义 5-7 对节点的输入关系流、节点状态、节点的输出关系流进行错误观测称为错误识别，其对应为 I、II、III 类识别。

在技术创新过程中，项目计划规定了各项任务产出物的评价标准，即系统节点的第 I（输入关系流）、II（输出关系流）类错误是可以观测和度量的。完成任务的创新组织或个体的状态往往体现在潜在的行为模式中，是不容易观测的，因此，第 III 类错误（节点状态）难以通过观测直接判别，需借助于关系流方程来评价其是否存在错误。

假设 5-6 从事节点所代表的创新任务的组织或个体只有在认为输入关系流满足节点的要求时，才开始实施该项任务。

假设 5-7 节点状态错误（第 III 类错误）体现在两个方面：一是创新组织或个体对节点的输入关系流判断错误，包括没有进行判断贸然实施任务，或是将错误的关系流误认为是正确的而开始实施任务；二是创新组织或个体实施任务时出现的不合理行为。

假设 5-8 如果输入关系流本身存在错误，不论节点状态如何，该错误都会通过节点传递到输出关系流。

5.4.2 人因错误的寻因定位

基于上述假设 5-6、假设 5-7、假设 5-8，可以得出如下公理：

公理 1 若系统中某节点的所有输出都是无错误的，则认为该节点一定不存在错误；若系统中某节点的输出集中存在错误，则认为该节点必存在错误。

定理 2 设 $(v_1, v_2, \cdots, v_{m-1}, v_m)$ 为系统 S 对应有向图 G 的一条通路，若 v_m 的输出是无错误的，则该条通路中不存在错误源；若 v_m 的输出集中存在错误，则至少有错误源 v_i，且必存在一条通路 $(v_i, \cdots, v_m)$。

证明：(1) 若 v_m 的输出是无错误的，根据公理，可以确定 v_m 的状态不存在错误。由关系流方程可知，v_m 的输入关系流是无错误的，即 v_m 的紧前节点的输出关系流不存在错误。以此往前类推，$(v_1, v_2, \cdots, v_{m-1}, v_m)$ 这条通路中不存在错误源。

(2) 若 v_m 的输出集中存在错误，根据公理，可知节点 v_m 是错误的，包括两种情况：

①如果 v_m 的输入集都是无错误的，说明该节点的紧前节点 v_{m-1} 的输出关系流是无错误的，从而可以确定到达 v_{m-1} 的通路上不存在错误源。因此，节点 v_m 的错误在于实施任务时产生了不合理的行为，这是导致其输出错误的唯一错误源。

②如果该节点的输入集中也存在错误，说明该节点的紧前节点 v_{m-1} 的输出关系流也是错误的，根据公理，可知节点 v_{m-1} 是错误的。依次往前类推，一定会发现存在一节点 v_i 的输入集都是无错误的，便可确定到达节点 v_{i-1} 的通路上不存在错误，此时可知，节点 v_i 的错误沿着通路 $(v_i, \cdots, v_m)$ 传递到节点 v_m，从而使 v_m 的输出关系流出现错误。

证毕。

假设某创新任务节点 v_k 的执行主体发现输入关系流存在错误，则该任务的紧前任务节点 v_{k-1} 的输出关系流存在错误。这时，创新活动将被暂停，需要对该错误进行寻因定位。具体步骤如下：

(1) 确定到达节点 v_{k-1} 的通路 $(v_1, v_2, \cdots, v_{k-1})$，令 $i=1$，检查节点为 v_{k-i}。

(2) 检查节点 v_{k-i} 的输入关系流是否存在错误。若没有错误，则到达节点 v_{k-i} 的通路中只有节点 v_{k-i} 存在不合理行为，进入消错控制过程，转入步骤 (3)；若节点 v_{k-i} 的输入关系流存在错误，转入步骤 (4)。

(3) 如果 v_{k-i} 的输出关系流错误属于时间类和成本类错误，应分析原因，吸取经验教训，并修正后续任务的进度和成本计划，转入步骤 (5)；若输出关系流错误属于质量类错误,则应分析原因,并采取消错措施,确保该节点输出符合要求的关系流,然后开始实施节点 v_{k-i+1} 代表的任务,并监控通路 $(v_{k-i+1},\cdots,v_{k-1})$ 上各个节点的实施过程,直到 v_{k-1} 输出正确的关系流为止,转入步骤(5)。

(4) 令 $i=i+1$,转入步骤(2)。

(5) 诊断结束。技术创新项目开始继续实施 v_k 节点代表的任务。

5.4.3 应用实例

1. 实例情境

J 涂料公司的销售部门收到客户投诉,指出外墙涂料涂刷时产生水渍,销售部门及时将这一现象反馈到技术部门。技术部门认为该问题主要涉及涂料的配方问题,于是组建技术服务团队进行涂料配方的调整,以解决客户反馈的问题。由于 J 公司在行业内具有很强的技术分析和实验能力,因此,技术服务团队在未与客户进行沟通的情况下,便直接分析产生水渍的种种影响因素,并根据之前的经验制订了实验方案,新配方在实验室应用测试时也表现完美,但在试生产和试销售阶段,外墙涂料涂刷产生水渍的现象在客户实验时仍然没有得到消除。由于新配方一直不能有效地解决客户的问题,迟迟不能正式进入商业化阶段,从而导致客户的强烈不满。

2. 实例分析

J 涂料公司是一家市场导向型企业,其技术创新基本流程如图 5-15 所示。案例中产品无法进入商业化阶段的直接原因是试生产及试销售环节的产品输出无法满足顾客对质量的要求,形成了错误事件。根据人因错误的定位步骤,可以通过企业技术创新的基本流程确定到达试生产及试销售环节的通路包括两

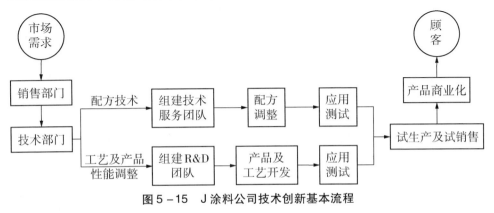

图 5-15 J 涂料公司技术创新基本流程

条：①市场需求→销售部门→技术部门→组建技术服务团队→配方调整→应用测试→试生产及试销售；②市场需求→销售部门→技术部门→组建R&D团队→产品及工艺开发→应用测试→试生产及试销售。根据案例情境，J公司采取的是第一条通路，因此，要想对案例中出现问题的错误源进行寻因定位，关键在于沿着该通路进行逆向追溯。

通过实际调研析，确定通路①中各节点的输出关系流及判别规则，见表5-4。

表5-4 节点输出关系流及其判别规则

节点	输出关系流	判别规则
销售部门	客户的反馈信息	反馈信息真实、全面、及时
技术部门	立项项目	项目成功实施有助于解决客户问题
组建技术服务团队	技术服务团队	团队实力满足技术要求，且成员结构合理
配方调整	具体的涂料配方	涂料配方能够解决客户问题
应用测试	测试结果	测试结果全面、可靠
试生产及试销售	试销产品	试销产品能够解决客户问题

通过项目回顾，试生产及试销售环节没有明显错误，但其输出的试销产品却无法解决外墙涂料涂刷时产生水渍的实际问题，说明在实验室测试表现完美的测试结果实际上并不全面，没有测试出配方真正存在的问题。配方是由技术服务团队配置和调整的，因此最终的配方能否真正解决问题，首先要考虑客户反馈的问题是不是由配方不合理造成的。如果不是，说明技术部门的立项有问题；若是，则需要进一步考虑技术服务团队的技术和实验能力，以及是否掌握了顾客反馈问题的真正原因，这直接关系到配方的科学合理性。经过专家评价，客户反馈的问题确实是配方问题，说明技术部门的立项是正确的。因此，可以确定组建技术服务团队这一环节是错误源。

通过进一步调查，发现该团队是清一色的技术人员，没有一名市场人员，同时也没有和客户进行有效沟通。该团队在不了解造成问题真正原因的情况下，在主观分析造成水渍现象的种种因素后，就直接进行了配方调整和实验，最终导致配方的效果无法解决客户的实际问题。

最后，通过与客户的深入沟通，才发现涂料的最终用户位于寒冷的北方，用户在施工期间，经常会存在赶工期的现象。投诉客户的施工时间正好处于昼夜温差比较大的初冬，由于赶工期，未完全干燥的漆膜表面在晚上就很容易凝结露珠，这样就会使墙面局部的耐水性变差而产生水渍。因此，J公司涂料配方调整项目失败的主要原因是技术服务团队结构不合理，团队成员过度自信，缺乏与客户的有效沟通，对客户反馈的问题调查了解不够，仅凭经验盲目实验，从而导致无法有效控制和完成项目。可见，有效的技术创新团队光靠技术经验和实力是不够的，只有将技术能力和业务需求进行有效对接，才能最终解决问题。

5.5 人因错误评价与消错决策

在消错学中，错误是相对于具体规则而言的。判别错误的规则实质上是对判别对象特征的评价标准，蕴含着一定的指标。因此，错误的评价过程实际上就是将评价对象的特征变量蕴含的指标值与对应的评价标准进行比较的过程。现实中对某一对象的评价往往涉及多个指标，评价是通过一定的数学模型将多个评价指标值"合成"为一个整体性的综合评价值[139]，缺乏对个别指标偏差的分析。黄灏然[140]指出，在综合评价后，应进一步掌握和分析评价对象各个局部情况之间的差异，整体描述与局部描述相结合，有利于发现、明确评价对象存在的问题，便于采取纠偏或消错措施，进而促进决策的科学性。然而，由于受许多客观条件的限制，现实中的每个错误不一定能够或有必要完全消除，如消除错误需要耗费资源，而资源又具有稀缺性的特点，不可无限制使用。因此，对于一个评价对象，在科学识别出其存在偏差或错误的基础上，往往需要在消错资源一定的情况下，考虑如何进行消错优化。

5.5.1 人因错误评价

根据消错学中"错误"的定义，评价指标的错误即反映评价对象某特征的指标对评价标准的违反程度，错误程度的大小可借助于消错理论中错误函数来度量。错误函数的选取要考虑两个方面：一是若评价对象的某指标是错误的，应能够反映其错误程度；二是若评价对象的某指标是正确的，应能够体现其优劣。

评价指标按其值是否为数值，可以分为定性指标和定量指标。对于定性指标，可以转化为区间尺度（如 Bipolar 尺度）进行量化。按照指标的含义，指标可分为效益型、成本型、固定型、区间型、偏离型、偏离区间型[141]。在实际评价中，某指标的量值优劣存在一定的模糊性，为了使各指标的错误值具有可比性，根据不同指标的特性，可采用模糊错误函数和具有临界点的错误函数，将评价指标的错误值限定在 $[-1,1]$ 的数量级上。当错误值 $x_i \in [-1,0]$ 时，表示指标 i 没有错误，错误值越小，该指标越优；当错误值

$x_i \in (0, 1]$ 时,表示指标 i 存在错误,错误值越大,该指标错误程度越严重。假定评价对象的某评价指标的取值范围为 $[s_{min}, s_{max}]$,该指标的实际值为 s_i,则对于不同类型的指标,建立下述错误函数。

1. 效益型指标

效益型指标是指其值越大越好的指标。设判别规则就评价对象的某个特征状态 s_i 给出了效益型指标,即要求 $s_i \geqslant a$,此时,s_i 越小于 a,错误越大;s_i 越大于 a,特征状态越优。那么根据这类指标特点,可以选择具有临界点的错误函数:

$$f(G \neq > u) = \begin{cases} \dfrac{a - s_i}{a - s_{min}}, & s_i < a \\ \dfrac{a - s_i}{s_{max} - a}, & s_i \geqslant a \end{cases} \quad (5-39)$$

2. 成本型指标

成本型指标是指其值越小越好的指标。设判别规则就评价对象的某个特征状态 s_i 给出了成本型指标,即要求 $s_i \leqslant a$,此时,s_i 越大于 a,错误越大;s_i 越小于 a,特征状态越优。那么根据这类指标特点,可以选择具有临界点的错误函数:

$$f(G \neq > u) = \begin{cases} \dfrac{a - s_i}{a - s_{max}}, & s_i > a \\ \dfrac{a - s_i}{s_{min} - a}, & s_i \leqslant a \end{cases} \quad (5-40)$$

3. 固定型指标

固定型指标是指越接近某个值越好的指标,其值既不能太大,又不能太小,而以稳定在某个固定值为最佳。设判别规则就评价对象的某个特征状态 s_i 给出了固定型的指标,即要求 $s_i = a$,此时 s_i 越偏离 a,错误越大。那么根据这类指标的特点,可以选择模糊错误函数:

$$f(G \neq > u) = \begin{cases} \dfrac{s_i - a}{s_{max} - a}, & s_i > a \\ 0, & s_i = a \\ \dfrac{s_i - a}{s_{min} - a}, & s_i < a \end{cases} \quad (5-41)$$

4. 区间型指标

区间型指标是指越接近某个固定区间（包括落入该区间）越好的指标，其值以落在该固定区间为最佳。设判别规则就对象系统的某个特征状态 s_i 给出了区间型指标，即要求 $s_i \in [a,b]$。此时，s_i 越偏离区间 $[a,b]$，错误越大。那么根据这类指标的特点，可以选择模糊错误函数：

$$f(G \neq > u) = \begin{cases} \dfrac{s_i - a}{s_{\min} - a}, & s_i > a \\ 0, & a \leq s_i \leq b \\ \dfrac{s_i - b}{s_{\max} - b}, & s_i > b \end{cases} \qquad (5-42)$$

5. 偏离型指标

偏离型指标是指越偏离某个具体值（称作劣值）越好的指标。设判别规则就对象系统的某个状态 s_i 给出了偏离型指标，即要求 $s_i \neq a$，且 s_i 越接近 a，错误越大。那么根据这类指标的特点，可以选择模糊错误函数：

$$f(G \neq > u) = \begin{cases} \dfrac{s_{\min} - s_i}{s_{\min} - a}, & s_i < a \\ 1, & s_i = a \\ \dfrac{s_{\max} - s_i}{s_{\max} - a}, & s_i > a \end{cases} \qquad (5-43)$$

6. 偏离区间型指标

偏离区间型指标是指越偏离某个具体区间（称作劣区间）越好的指标。设判别规则就对象系统的某个状态 s_i 给出了偏离区间型指标，即要求 $s_i \notin [a,b]$，且 s_i 越接近区间 $[a,b]$，错误越大。那么根据这类指标的特点，可以选择模糊错误函数：

$$f(G \neq > u) = \begin{cases} \dfrac{s_{\min} - s_i}{s_{\min} - a}, & s_i < a \\ 1, & a \leq s_i \leq b \\ \dfrac{s_{\max} - s_i}{s_{\max} - b}, & s_i > b \end{cases} \qquad (5-44)$$

综上所述，不同类型的指标，其错误值的取值范围不同，见表 5-5。

表 5-5 指标错误值取值范围

指标类型	错误函数类型	错误值取值范围
效益型指标	具有临界点的错误函数	[-1, 1]
成本型指标	具有临界点的错误函数	[-1, 1]
固定型指标	模糊错误函数	[0, 1]
区间型指标	模糊错误函数	[0, 1]
偏离型指标	模糊错误函数	[0, 1]
偏离区间型指标	模糊错误函数	[0, 1]

5.5.2 人因错误消错决策

1. 指标重要度系数

不同的指标对评价结果的影响程度各异，对评价结果影响较"大"的指标，其对判别规则违反程度的容忍度较小，应给予足够的关注；而对评价结果影响较"小"的指标，其对判别规则违反程度的容忍度可以适当放大，对其达到满意程度的要求可以低一些。因此，某评价对象是否能够得到评价主体的肯定和认可，不仅依赖于反映其特征的指标量值，还取决于各指标对评价结果的重要度。郭开仲等[142]根据子系统对于达到总系统目标功能的重要程度，定义了关键子系统和重要子系统。如果把评价某一对象的指标体系看作一个系统，那么就可以根据反映评价对象特征的指标值对评价结果影响的重要程度，将评价指标分为关键指标、重要指标和可替代指标。

定义 5-8 假定刻画评价对象某特征变量的指标值 s_i 不满足评价标准，即违反了对应的判别规则 g_i，此时，若无论其他特征变量值如何，评价对象都将被否决（即"一票否决制"），则称该指标对于评价对象是关键指标，即 100% 重要的指标，临界错误值设置为 0；若当该指标的错误值小于或等于 c 时可以通过优化其他特征变量的量值来弥补该指标的劣性，当该指标的错误值大于 c 时无论其他特征变量值如何优化，评价对象都将被否决，则称该指标对于评价对象是 $(1-c)$ 重要的指标，错误值 c 为临界错误值；若无论该特征变量的指标值 s_i 对判别规则 g_i 的违反程度有多大，都可以通过优化其他特征变量值来弥补该指标值 s_i 的劣性，则称该指标对于评价对象是可替代指标。

由定义 5-8 可知，在评价过程中，对评价结果影响越重要的指标，对其错误值的容忍度越小。关键指标对错误的容忍度为 0，是不可线性补偿的，其重要度系数为 1；重要指标是不完全线性补偿的，其补偿范围的大小取决于临

界错误值 c 的大小,可将重要程度 $(1-c)$ 作为重要度系数;可替代指标是完全线性补偿的,其重要度系数及其临界错误值可基于对其他特征量值的优化能力进行评估确定。

2. 指标错误消错规划模型

对于一个错误对象,只有进行消错处理后才可得到评价主体的认可。但消错需要耗费资源,在消错资源一定的情况下,应遵循"区分主次、明确底线、综合集成"的思路进行消错优化。"区分主次"是指对评价结果影响较大的指标,其错误应优先消错,指标的主次关系可通过重要度系数来区别。"明确底线"是指明确各指标消错后错误值的容忍底线,一方面要求各指标的错误值应小于或等于其临界值,否则评价对象将被否决;另一方面要求消错后的各指标的错误值应小于或等于消错前的错误值,否则就没有起到消错的作用。"综合集成"是指在消错资源约束条件下,建立消错优化模型,实现评价对象综合错误值的最小化。基于上述思路,建立消错规划模型如下:

$$\text{obj:} \min \sum_{j=1}^{n} c'_j x'_j$$

$$\text{s.t.} \begin{cases} a_{11}(x_1 - x'_1) + a_{12}(x_2 - x'_2) + \cdots + a_{1n}(x_n - x'_n) \leq b_1 \\ a_{21}(x_1 - x'_1) + a_{22}(x_2 - x'_2) + \cdots + a_{2n}(x_n - x'_n) \leq b_2 \\ \vdots \\ a_{m1}(x_1 - x'_1) + a_{m2}(x_2 - x'_2) + \cdots + a_{mn}(x_n - x'_n) \leq b_m \\ -1 \leq x'_j \leq c_j, \text{其中} j = 1, 2, \cdots, k \\ 0 \leq x'_j \leq c_j, \text{其中} j = k+1, \cdots, n \\ x'_j \leq x_j, \text{其中} j = 1, 2, \cdots, n \end{cases}$$

$$(5-45)$$

在上述消错优化模型中,x_j 是各指标在消错前的实际错误值;x'_j 为决策变量,表示各评价指标经过消错处理后应达到的错误值,其中 $x'_1, \cdots, x'_k$ 为效益型或成本型指标的错误值,$x'_{k+1}, \cdots, x'_n$ 为固定性、区间型、偏离型或偏离区间型指标的错误值;$c'_j (j=1, 2, \cdots, n)$ 为各指标的重要度系数;c_j 为各重要指标的临界错误值;$a_{ij} (i=1, 2, \cdots, m; j=1, 2, \cdots, n)$ 为消错资源消耗系数;$b_i (i=1, 2, \cdots, m)$ 为消错资源约束常数。

通过求解规划模型(5-45),可得出各评价指标允许的最小错误值,然后根据各指标的类型,相应代入式(5-39)至式(5-44),即可求出各指标消错后的量值。

5.5.3 应用实例

1. 实例背景

假定某企业技术创新系统的绩效评价指标体系由 6 个指标构成，目前指标的量值和评价标准见表 5-6。

表 5-6 评价指标类型及其当前量值

指标	指标类型	指标取值范围	判别规则	指标当前量值
S_1	效益型	[-100, 300]	$S_1 \geq 100$	146.00
S_2	成本型	[0, 150]	$S_2 \leq 80$	104.50
S_3	固定型	[0, 10]	$S_3 = 6$	6.8
S_4	区间型	[0, 100]	$S_4 \in [30, 60]$	22.5
S_5	偏离型	[-100, 100]	$S_5 \neq 0$	-85
S_6	偏离区间型	[-150, 150]	$S_6 \notin [-10, 20]$	82.4

根据各指标的类型及其当前的量值，应用式（5-39）至式（5-44）计算其当前错误值，结果见表 5-7。由表 5-7 可知，其中有 3 个指标超过了临界错误值，因此，该对象必须进行消错处理后方可接受，否则将被否决。

表 5-7 评价指标当前错误值及其临界错误值

指标	S_1	S_2	S_3	S_4	S_5	S_6
当前错误值	-0.23	0.35	0.20	0.25	0.15	0.52
临界错误值	0.3	0.30	0.15	0	0.20	0.60

2. 实例分析

假定现在提出一个消错方案，需要用到 3 种资源，其中资源限制及其各指标的错误值每降低 0.01，所需消耗资源情况见表 5-8。

表 5-8 消错方案的资源消耗情况

消耗资源类型	S_1	S_2	S_3	S_4	S_5	S_6	资源限制
消错资源 1	5.00	6.00	4.00	7.00	4.50	9.00	260
消错资源 2	6.50	9.00	6.00	10.00	5.00	8.50	380
消错资源 3	7.50	10.00	7.00	8.00	6.50	5.00	400

设 x_1，x_2，x_3，x_4，x_5，x_6 各指标消错后的错误值，根据上述资料建立消错优化模型：

$$\text{obj}: \min x = 0.70x_1 + 0.70x_2 + 0.85x_3 + x_4 + 0.80x_5 + 0.40x_6$$

$$\text{s.t.} \begin{cases} (5x_1 + 6x_2 + 4x_3 + 7x_4 + 4.5x_5 + 9x_6) \times 100 \leqslant 260 \\ (6.5x_1 + 9x_2 + 6x_3 + 10x_4 + 5x_5 + 8.5x_6) \times 100 \leqslant 380 \\ (7.5x_1 + 10x_2 + 7x_3 + 8x_4 + 6.5x_5 + 5x_6) \times 100 \leqslant 400 \\ -1 \leqslant x_1 \leqslant -0.23 \\ -1 \leqslant x_2 \leqslant 0.3 \\ 0 \leqslant x_3 \leqslant 0.15 \\ x_4 = 0 \\ 0 \leqslant x_5 \leqslant 0.15 \\ 0 \leqslant x_6 \leqslant 0.52 \end{cases}$$

(5 – 46)

将消错规划模型（5 – 46）转化为电子表格模型，利用 EXCEL Solver 求解，具体求解过程及其优化结果如图 5 – 15 所示。

图 5 – 15　电子表格模型求解过程及结果

由图 5 – 15 可知，对该技术创新系统消错后的综合错误值为 0.43，各指标消错后的错误值依次为 – 0.23，0.3，0.06，0，0.15，0.52，其中有 3 个指标的错误值有所下降。如果存在多个消错方案，只需将图 5-15 中电子表格模型中单元格 C5：H7 中的资源消耗系数进行修改，就可以直接求出优化结果。如果不同消错方案的最优目标值不同，选择目标值较小的方案；如果不同消错方案的最优目标值相同，选择资源消耗（单元格 I5：I7 中的数据）较少的方案。根据各指标的特性，将错误值代入式（5-39）至式（5-44），求得各指标优化后的量值见表 5-9。由表 5-9 可以看出，消错方案不仅使各指标的错误值控制在可接受范围之内，而且指标的量值在一定资源约束下，实现了最大程度的改善。

表 5-9　评价指标消错前后的量值对比

指标	指标类型	消错前的指标量值	消错后的指标量值	指标优化幅度
S_1	效益型	146.00	146.00	0
S_2	成本型	104.50	101	3.5
S_3	固定型	6.8	6.24	0.84
S_4	区间型	22.5	[30, 60]	[7.5, 37.5]
S_5	偏离型	−85	−85	0
S_6	偏离区间型	82.4	82.4	0

5.6　本章小结

本章首先分析了技术创新人因错误的形成机理，建立了企业技术创新系统的基本结构模型。然后以此为基础，探索技术创新人因错误传递规律，包括错误进化、错误集聚和错误繁殖三个错误传递基本模型，提出企业技术创新系统错误源的判定定理以及错误源的定位步骤，从而为找到项目实施情况与计划之间偏差的根源，为修正项目计划和消除错误提供依据。最后，以错误函数和线性规划为工具，建立了人因错误的综合评价和消错决策优化模型。

6 企业技术创新系统组织错误识别

企业技术创新系统作为一个复杂的社会经济系统,其中的人并不是孤立存在的,其行为不仅受心理、生理和能力等自身因素的影响,而且受情境状态和组织因素的影响。为了便于研究,假设在理想的工作环境下,执行企业技术创新具体活动的人员生理与心理能力不会出现任何问题。根据这一假设,具体技术创新活动执行者在本身正常(不会因本身而犯错误)的前提下,由组织因素而导致犯错误,那么这一错误就反映了组织的缺陷,执行人员只不过是"受害者"而已。因此,本章通过建立企业技术创新系统组织错误分类模型,并分析组织错误对人因错误的影响机制,对创新活动执行者的人因错误进行追本溯源,从而探索隐藏在个体人误背后的潜在组织错误。

6.1 组织错误的类型

随着技术的快速发展与变化,企业技术创新管理越来越复杂和困难,组织错误就像病原体一样无时无刻地潜伏在企业技术创新系统这个有机体中,其迹象就像个体行为一样难以尽数,但可以归为有限的类型,如丹麦心理学家詹斯·拉斯马森(Jens Rasmussen)将个体失误分为技能型、规则型和知识型失误三种类型[42]。通过对组织错误的分类研究,可以从整体上把握组织错误的基本框架,从而为组织错误识别与消错研究的结构化分析奠定理论基础。

6.1.1 组织错误分类基础

1. 企业技术创新系统运行的基本元素

企业技术创新系统的运行涉及管理层活动和实体层活动。管理层活动主要包括技术创新决策、资源获取与配置、组织结构设计、管理制度建设等活动,分别由决策系统、资源系统、组织系统和规则系统来完成;实体层活动主要包括研究开发、生产制造和市场营销等活动。实体层活动的实施受管理层活动的影响和约束。管理层活动决定了企业技术创新实体活动开展的论域、要素、结构和规则,实体活动实施过程中的人因错误往往是管理层活动出现问题的映射与体现,需要及时反馈到管理层,以便从源头上解决问题。因此,企业技术创新系统的运行就是技术创新在管理层规范和约束下的实体活动开展过程,如图

6-1所示。

(1) 决策系统与论域。决策系统明确了企业技术创新的目标、范围和方向,以及企业技术创新的最终实施方案,即确定了企业技术创新活动开展的论域,包括技术创新的目的、时间、空间、领域和方式等。

(2) 资源系统与要素。资源系统是获取和配置技术创新活动开展所需资源的保障,确定了技术创新系统要素的构成,包括开展技术创新活动所需的人、财、物、技术和信息等资源获取的数量和质量,以及使用的时间和空间。

(3) 组织系统与结构。组织系统反映了技术创新单元的空间结构,以及相互之间的关系和作用机制,给出了企业技术创新系统的结构,是企业成功实现技术创新决策目标的保障。

(4) 规则系统与规则。规则系统规定了技术创新活动开展的"游戏规则",对技术创新活动进行规范和约束,是企业技术创新系统的安全屏障,用于规范创新者的技术创新行为。一旦创新者违反了创新规则,便可产生错误行为。

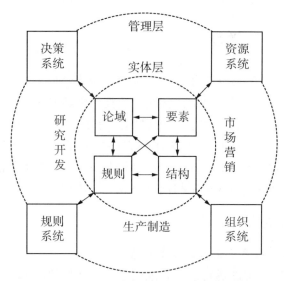

图6-1 企业技术创新系统的基本元素

2. 企业技术创新系统运行与控制模型

企业技术创新系统的运行包括决策层、管理控制层和实体活动层三个层次,如图6-2所示。企业技术创新决策系统基于对环境的需求分析,确定企业技术创新活动开展的论域(流程①、流程②),其中环境的需求来自企业面临的内外部条件或更高层次组织系统的指令。决策系统将创新目标和创新方案传递到管理控制层（流程③），管理控制层通过资源系统为技术创新活动的开展筹集和配置资源（流程④），通过组织系统行使一系列的管理职能，以有效管理和控制技术创新实体活动的实施（流程⑤、流程⑧），最终通过实体活动将创新资源转化为创新产品或服务（流程⑥、流程⑦），最后的产出与环境需求进行比较，通过信息反馈，指导下一轮循环的决策（流程⑨）。在整个技术创新过程中，所有的技术创新活动都是在一定的系统规则下进行的。

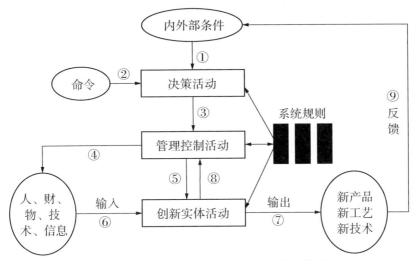

图6-2　企业技术创新系统运行与控制模型

6.1.2　组织错误分类体系

1. 组织错误分类原则

组织错误分类体系是通过一些归类指标集，反映组织因素的某一方面或多方面的失效状况，是组织错误识别的基础。由于组织因素覆盖范围广，指标选取受很多因素影响且具有较大的主观性，因此，不同的人可能选取不同的指标来描述同一问题。为了能够尽可能客观、全面和科学地描述企业技术创新过程中的组织失效状况，本书遵循以下基本原则对组织错误进行分类。

（1）系统性原则。选取指标应能够充分展现影响企业技术创新系统运行的组织因素结构和功能，从整体上反映出组织错误状态的完整信息。整个指标体系应具有层次性，每一分支从上到下逐层细化，直到能够直观地描述组织错误的外部表现状态为止。

（2）科学性原则。各项指标的概念要确切，有精确的内涵和外延，度量范围要明确，不能含糊其词。建立指标体系时，要在科学的理论指导和实践调研下,使各项指标能够客观反映评价对象的实际情况,尽量减少评价人员的主观性。

(3) 可操作性原则。各项指标应含义明确、繁简适中、指标状态描述直观,所需资料收集方便,能够充分体现企业技术创新系统中组织因素的特点,尽可能剔除不确定因素和特定条件下环境因素的影响。

(4) 相互独立原则。每项指标要内涵清晰、相对独立。同一层次的各指标间尽量做到不相互重叠,指标集的确定应避免指标间的包含关系,即指标集的各项指标之间应保持相互独立,不能相互隶属和重叠。

2. 组织错误分类体系

基于企业技术创新系统运行的基本元素和控制模型,本书依据上述分类原则,结合国内外组织错误的相关文献[143-145]以及企业灾难案例[146]和企业技术创新失败案例[136-137][147-148]的分析,将影响企业技术创新系统有效运行的组织管理失效因子划分为4个大类11个评价指标,其中每个指标可通过进一步细分来描述其失效模式,从而构建了企业技术创新系统组织错误四级分类层次模型,如图6-3所示。

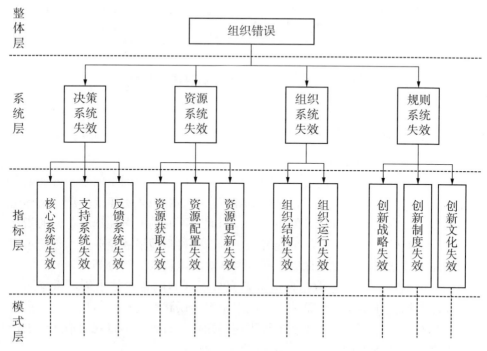

图6-3 企业技术创新系统组织错误分类体系

6.1.3 组织错误表现模式

组织错误表现模式是对企业技术创新系统运行失效状况的具体描述，是可以直接观察到的行为层现象，需要依据一定的判别规则对其进行客观评价。对企业技术创新系统运行失效模式的有效识别是进一步对组织错误消错的前提。

1. 决策系统失效模式

根据管理学家西蒙（Herbert A. Simon）的观点，企业技术创新决策过程可以划分为问题识别、备选方案拟定、方案选择、方案实施效果评价与反馈四个阶段。各个阶段的决策行为由于受来自企业内外部众多因素的影响，均有失效的可能性。决策系统失效模式具体表现见表 6-1。

表 6-1 决策系统失效模式

关键失效指标	失效模式举例	判别规则
决策核心系统失效	决策目标不合理 决策者能力不足 决策程序不合理 方案评价不科学	目标明确具体、与企业客观条件相符，目标之间不冲突； 决策者有足够的经验和相关专业知识； 决策程序要规范化、制度化和科学化； 方案评价原则、标准、方法和指标要科学合理
决策支持系统失效	信息收集不充分 信息处理不正确 可行性报告不科学	信息收集要完整、及时、全面和可靠； 信息处理方法科学、信息预测准确； 可行性报告分析客观、全面，具有明确的可度量结果
决策反馈系统失效	没有反馈信息 信息反馈不及时 信息反馈错误	设置反馈机构，且反馈机构与执行机构要相互独立； 信息反馈渠道通畅、灵敏； 反馈信息能够全面反映方案实施的实际情况

2. 资源系统失效模式

企业技术创新的成功实现依赖于企业技术创新系统的高效运转，而创新资源在系统各节点（部门）间的分配和使用则是系统能否高效运转的关键所在。因此，企业技术创新资源系统的任务就是对技术创新资源进行科学规划和系统整合，实现创新资源在创新系统内的合理配置与有效利用。如果资源系统失效，势必造成企业技术创新过程中创新资源有效供给不足、系统各节点间的资源流动与共享度差、持续支撑能力薄弱等现象，进一步导致企业技术创新系统运行效率低下，技术创新能力减弱。资源系统失效模式具体表现见表 6-2。

表6-2 资源系统失效模式

关键失效指标	失效模式举例	判别规则
资源获取失效	资源获取不充分 资源获取不及时 资源获取成本太高	所获资源数量和质量能够满足创新需求 获取所需资源的时机满足创新进度的要求 资源获取费用在预算范围之内
资源配置失效	资源分配不足 资源分配过度	资源分配能够满足完成各项任务的需要 所分配资源能够充分利用,不存在浪费和闲置
资源更新失效	资源更新不足 资源更新滞后	员工培训充分、设备维护及时 技术和信息资源能够反映最新市场动态

3. 组织系统失效模式

组织系统是为了实现企业技术创新战略目标而确立的关于内部权力、责任、控制和协调关系的基本形式。成功的技术创新要求组织系统既具有一定的开放性、灵活性,以保证创新观念的产生,又要求组织系统具有一定程度的稳定性和有序性,以保证组织具有良好的执行力,顺利实施各项技术创新活动。当组织系统与企业技术创新不匹配时,往往会导致管理控制失效。组织系统失效模式具体表现见表6-3。

表6-3 组织系统失效模式

关键失效指标	失效模式举例	判别规则
组织结构失效	职权不清 结构冗余 过度专业分工	职责和权限有明确的规定 结构合理,能对外部做出及时反应,灵活性强 专业分工适中,员工不存在厌烦情绪
组织运行失效	内外沟通不畅 部门间沟通不协调 缺乏协调机制 权利分配不科学	内外沟通及时,与外部组织有良好的合作关系 部门间沟通流畅,共享信息 部门之间相互配合,协调机制明确 管理层级合理,权责明确、对等

4. 规则系统失效模式

规则系统是企业技术创新系统运行的"游戏法则",是对创新行为的规范和约束。对于不同的企业,以及企业技术创新的不同阶段,并没有放之四海而皆准或一成不变的规则适应所有的技术创新活动,因此,规则系统的建立应是一个动态更新和逐步完善的过程。当企业技术创新活动受到规则系统的制约时,就会出现创新方向产生偏差、工作效率低下、创新积极性不高等情况。此时，企业技术创新就会对规则系统提出新的要求，促使其进一步调整和完善。规则系统失效模式具体表现见表6-4。

表6-4 规则系统失效模式

关键失效指标	失效模式举例	判别规则
创新战略失效	没有创新战略 创新战略不明确 创新战略不合理	具有创新战略，且被员工理解和接受； 创新战略清晰明确，具备导向作用； 创新战略与实际情况相符，且与企业的总体战略相一致
创新制度失效	没有规章制度 规章制度不完善 规章制度不合理	在各个业务环节，具有明确的行为规范和规章制度； 各项规章制度全面、系统； 各项规章制度具体，可操作执行，员工一致认可
创新文化失效	创新意识淡薄 风险意识不强 项目团队混乱	创新意识浓厚，组织鼓励创新； 具有风险意识，不盲目冒险； 团队凝聚力强，成员之间相互信任，关系和谐

6.2 组织错误对人因错误的作用机制

企业技术创新系统作为一个复杂的社会-经济-技术系统，技术创新活动的实施是通过人来决策和执行的，不可避免地会产生各种人因错误。技术创新行为固然受到创新个体心理、生理和能力等自身因素的影响，但创新个体并非独立个体，而是作为组织中的一员而存在，因此，任何个体的行为都会受到组织管理因素的影响。在人因可靠性分析中，发现人误并不是问题的起源。詹姆斯·瑞森（James Reason）认为："人误是结果，不是原因，人误的产生是由其上游因素——工作环境和组织因素引起的[149]"。由此可以看出，企业技术创新人因错误是组织管理错误通过个体因素触发而产生的结果，个体因素是人因错误的直接致错因子，组织错误才是人因错误的根源。

6.2.1 组织定向的人因错误致错路径

Want[150]指出，引起人的不安全行为的直接前因是人的心理，如人的动机、计划、期望、推理方式等，引起人的心理前因是不利的情境环境条件，称为潜在失效。这些潜在失效原则上是处于组织的管理控制之下，但是，当组织管理控制失效时，就会引发事故。因此，人们对复杂技术系统安全的关注点已逐步从机器失效和个体人误转向组织管理领域内的潜在失效，即组织错误，并从组织定向的视角,发展了各种组织事故因果模型,典型的有詹姆斯·瑞森(James Reason)建立的瑞士饼模型[149],该模型给出了组织事故因果关系的总体框架,可以模拟组织事故中各事件间的相互关系,但缺乏对组织因素的详细分类,也没有明确分析情境环境与人因错误的具体因果对应关系及其影响程度。

随着技术的快速发展和变化,企业技术创新过程越来越依赖于数字化技术的应用。技术创新个体与自动化操作和控制系统交互的频繁性和复杂性日益增强,其角色也从直接操作者逐渐转变为监控者和管理者。因此,创新个体并不是相互独立的,其认知行为是由自身因素受到所处的情境环境状态和组织管理因素的影响而触发产生的,组织因素是引发人因错误的最终根源。鉴于此,本书将人的认知模型和人因错误事件再分析相结合,建立组织定向的人因错误致错路径分析模型,如图6-4所示。

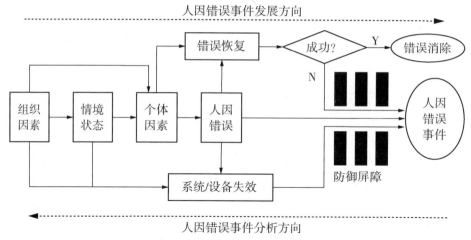

图6-4 组织定向的人因错误致错路径

6.2.2 人因错误的致错因子分析

基于人的认知行为理论,人因错误事件发生的原因不仅在于错误的执行行为,还取决于人对其所处情境的错误认知和判断,或者特定环境导致人做出错误的决策。因此,人因错误事件的最终形成是由不同层次的致错因子通过"组织管理失效→情境状态错误→个体因素触发"这样的因果链导致的。

1. 个体因素触发层

个体因素是直接导致人因错误的触发层,主要包括生理因素、心理因素、专业能力和伦理道德等四项指标。

（1）生理性致错因素。生理性致错因素是指与创新个体身体能力有关的因素，包括生理病变、生理缺陷和生理极限。生理病变会使人的认知活动和实践活动产生障碍，进而导致错误。如大脑左半球各部位病变可引起语言障碍，抽象思维减退，导致判断错误。有许多有生理病变的人未被及时发现，仍被当作正常人从事创新活动，此时便容易产生由生理病变引发的人因错误。一般情况下，生理缺陷并不构成致错因素，但若不顾生理缺陷而从事超出自己能力的事，便会产生错误。如色盲者在辨色时便可能做出错误判断。此外，人体活动的强度和持续时间有一定的生理极限。因此，人的活动还受个体生理极限的制约。创新个体若因超负荷工作而产生过度疲劳，精力和体力就会渐渐无法支撑，注意力就不易集中。此时若仍勉强坚持工作，难免会产生错误。

（2）心理性致错因素。心理性致错因素是指与创新个体心理状态有关的一系列人的内在变量，主要体现为情绪不良、压力过大、动机不当、过度自信等。情绪不良指创新个体在开展创新活动过程中表现出焦虑、急躁、傲慢、抵触、嫉妒等消极情绪。压力过大主要源于时间紧迫、任务负荷过重、过量或不利信息带来的紧张心理。动机不当是指创新个体不是为了顺利完成创新活动，而是存有为自己谋取私利或侵害他人利益等其他私心。过度自信往往容易使决策者制订的计划过于宏伟而不切实际。总之，创新个体的心理状态一旦脱离理智的控制，就会变成脱缰的野马，肆意妄为，从而成为错误的诱因。

（3）专业能力。专业能力包括创新个体的专业知识、技能和经验。与专业知识相关的致错因素主要体现为知识缺陷、知识陈旧和知识结构不合理。知识缺陷是指知识的虚妄性、不完善性和不完全性；知识陈旧是指知识失去了时效性或难以满足创新主体当下活动的需要；知识结构不合理是指创新个体因缺乏某些方面的知识而在活动中力不从心，做出错事来，或在某些工作环节上出现"盲点"，导致瞎指挥和乱操作等之类的错误。有些人虽有良好的愿望和强烈的工作热情，但苦于知识水平低下，也就免不了事与愿违，劳而无功。与专业技能相关的致错因素主要体现为专业技能不熟练。若处于"一线"的操作人员专业技能不足，就会出现误操作或操作时间过长而导致效率低下。与经验相关的致错因素体现为创新经验不足。如项目管理经验不足的项目经理在问题、冲突、故障等情况出现时，往往不知如何应付或采取的应对措施不合理，从而延误解决问题的时机，甚至使问题变得更糟。

（4）伦理道德。技术创新的每一个环节都涉及创新者的选择活动，而这种选择活动无不与创新者的价值观相关。涉及创新个体的伦理道德观念的致错因素主要为道德素质低下和伦理观念缺乏。技术创新个体道德素质低下主要表现为责任感不强、刚愎自用、好大喜功等不良品质。伦理观念缺乏主要表现为创新个体缺乏社会责任感，唯经济是从，对社会和生态考虑不足，从而不顾法律和伦理规范，开展一些对企业有利，而对社会和环境有害的项目，如上环境污染严重的项目。

2. 情境状态错误层

技术创新活动是在特定的场景中执行的，来自工作场景的各种因素会对创新者的认知行为产生各种各样的影响，具体包括工作环境、创新任务、工具设备、外部事件干扰等指标。

（1）工作环境。工作环境是对创新人员所处场景的状态描述，主要包括声音/光照、温度/湿度、空气质量、作业空间、工作时间等。不良的工作环境往往会对人的生理和心理产生负面影响，从而引发人因错误。如噪音过大可能造成听觉感知失误、情绪波动；光照太弱会造成视觉感知不准确；空间太狭窄会造成操作人员的动作失误，工作时间太长容易使人产生疲劳，从而影响人的注意力而出现差错等。

（2）创新任务。技术创新活动都是为了完成创新任务而实施的，创新任务的特性会对人的认知行为产生各种影响，主要包括任务的复杂性、任务的新颖性、任务的紧迫性、任务后果的严重性、任务之间的冲突性、任务数量等。如过于复杂的任务会增加创新个体的工作负荷；太过新颖的任务会导致创新者由于缺乏经验而出现差错；完成任务的时间太紧迫会引发创新者的紧张心理；任务失败的后果越严重，越容易造成人的恐惧心理。若创新者同时实施多项任务，任务越多，越容易产生疏忽和遗忘；任务之间如果存在冲突，还会使创新个体产生矛盾心理而无所适从等。

（3）工具设备。创新人员在完成各项创新任务过程中，离不开各种工具设备的使用。工具设备的性能会影响操作者的工作效率和完成任务的质量，可用设备的先进性、操作复杂性和设备运行有效性等来衡量工具设备的性能状态。如机器设备的精度不够、操作过于烦琐或者运行出现差错等，会影响创新人员的心理状态和专业技能的发挥，从而造成各种各样的差错。

（4）外部干扰。外部事件的干扰往往会导致创新人员的注意力分散，或不良的行为动机，从而使其操作发生重做、遗漏、跳跃、违规等不必要的差错行为，一般有习惯性干扰、环境干扰和相似性干扰等。

3. 组织管理失效层

组织管理因素是影响人的认知行为的根源，失效的组织管理因素会通过情境状态影响人的个体因素，或直接影响人的个体因素而最终引发人因错误。企业技术创新系统组织管理失效是指潜在于组织中偏离组织期望的组织过程缺陷或不良状态，主要反映决策系统、资源系统、组织系统和规则系统的运行失效状态，具体失效模式参见 6.1.3 节的内容。

6.2.3 组织定向的人因错误因果模型

追溯人因错误事件的组织错误根源首先需要明确组织错误到人因错误之间各致错因子的因果关系。企业技术创新行为由于受创新个体自身因素、创新活动所处的情境状态，以及企业的组织管理因素等的影响，过于复杂的行为机理导致了人因错误行为背后的因果关系不像机器设备故障的因果关系那么明确，呈现出一定的不确定性。因此，当创新个体发生某一错误行为时，并不能直接确定是哪种因素的影响结果，需要通过评价各类影响因素对错误行为的贡献程度来确定进一步分析的优先次序，从而避免对具体错误原因的盲目分析。

人因错误的发生直接取决于人的可靠性程度。在人因可靠性分析（human reliability analysis，HRA）的发展历程中，以人的错误率预测技术（technique of human error rate prediction，THERP）[38]为代表的第一代 HRA 方法通常是将人因事件预先分解为若干子任务或步骤，并分别对每一子任务赋予一个错误概率值，然后考虑环境因素，即行为形成因子（performance shaping factors，PSF）的影响，在不确定范围内去修正这个错误概率，进而计算整个人因事件的失效概率。第一代 HRA 方法在反映人因错误因果关系方面存在以下缺陷：一是仅仅反映了一种朴素的因果关系，即人的行为受到若干 PSF 的影响，缺少影响因子与人因错误之间具体因果关系的说明；二是一般采用二叉树逻辑来描述人的行为，即人的行为状态表现为二态性，这显然难以满足复杂行为的描述；三是未充分考虑组织管理因素、安全文化，以及人因错误恢复因子对人因可靠性的影响。

第二代 HRA 方法着重研究影响人的行为/绩效的情景环境，以及在特定情景环境下，人的感知、解释、决策、计划等认知活动到执行动作的整个行为过程发生人因错误的机理和概率。CREAM[43]是第二代 HRA 方法的典型代表，该方法提出的错误模式和原因分类表以及将错误模式和原因联系起来的"后果-前因链"构成了一个反映人因错误模式和各种原因之间联系的因果模型，借助于该模型，不仅可以从某个已发生的人因错误出发，追溯出导致错误发生的根本原因，还可以通过对现状的分析，预测在现有条件下可能会出现的一些人因错误。CREAM 虽然提供了一套科学且易于实践的分析框架，但模型中原因和结果之间采用的是确定性连接，难以处理现实中的不确定性问题[151]。贝叶斯网络（Bayesian networks，BN）作为目前不确定知识表达和推理领域有效的数学模型之一[152]，能够很好地处理不确定性问题。因此，本书借助贝叶斯网络构建组织定向的人因错误因果模型。贝叶斯网络是由一个有向无环图（directed acyclic graph，DAG）和若干个条件概率表（conditional probability table，CPT）组成的网状结构图，建立贝叶斯网络模型的过程可以简化为两个步骤：一是建立贝叶斯网络图；二是确定条件概率表。

1. 构建贝叶斯网络结构

贝叶斯网络用具有网络结构的有向无环图表达各个信息要素之间的关联关系，其中节点表示各个信息要素，连接节点的有向边表示各个信息要素之间的因果关联关系。

（1）BN 的 DAG 构建。贝叶斯网络结构的构建方式一般包括两种：一是专家手工构建；二是通过数据分析获得。第一种方式依赖于领域专家知识的完整性，具有主观性，需要克服专家的主观偏见。由于企业技术创新人因错误致错因子的表现形式多种多样，无法枚举，因此通过专家知识难以对要素节点做到足够的具体化。第二种方式是建立在大量数据基础上的结构学习算法，但企业技术创新人因错误分析中难以收集大量数据，需要借助专家经验来确定各要素节点之间的因果关系。本书根据企业技术创新人因错误的致错路径，基于贝叶斯网络建立人因错误四级因果模型，具体由人因错误模式层、个体因素触发层、情境状态失效层，以及组织错误层四个层次组成[153]。

BN 的 DAG 一般都是由多个根节点、中间节点和一个叶节点构成的网络结构。其中的叶节点表示技术创新中产生的人因错误模式，根据 SRK（skill，rule，knowledge）模型[154]，将其分为技能基人误、规则基人误和知识基人误三类；根节点由各种组织因素构成，依据组织错误的分类体系，通过指标层的 11 个指标对组织因素的状态进行评价；中间节点包括情境状态因素和个体因素两个层次，分别由工作环境、创新任务、工具设备和外部干扰来评价情境状态，由生理因素、心理因素、专业能力和伦理道德来评价个体状态。在实际应用中，根节点、中间节点和叶节点构成一个树状的层次结构，各层次的每个指标都代表一个大类，具有概括性和通用性。每个大类又包含各种子因素，可以根据具体情况通过实际调查进行详细分析。这样，通过大类的因果关系来确定进一步调查分析的方向和重点。

技能基人误是指在执行一些经常的、简单的、熟练的操作过程中发生的人因错误。技能基行为只依赖于任务执行者的实践水平和完成该项任务的经验，是个体对外界刺激或需求的一种条件性反射或下意识的反应，不涉及思考、判断等认知行为。导致这类人因错误的原因通常是创新个体注意力不集中，或注意力过度集中于某一点而忘记或忽视其他方面。技能基人误致错因果模型结构如图 6-5 所示。

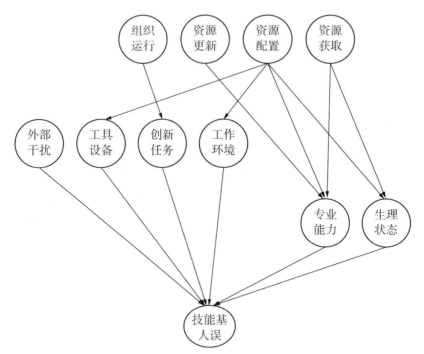

图 6-5 技术创新系统技能基人因错误因果模型

规则基人误是指在执行一些涉及操作规程、任务列表时发生的人因错误。规则基行为依赖于正确的规程以及正确地使用规程，需要一定的思考和判断。该类人因错误通常是由于工作人员使用了本身有错误的规程或错误地使用了规程所致，如规程虽然是正确的，但创新个体未执行规程、没有完全理解规程，执行规程时遗漏了某些步骤或执行序列任务时弄错顺序等。规则基人误致错因果模型结构如图 6-6 所示。

知识基人误是指运用知识来独立分析、判断并解决问题的过程中所犯的错误。知识基行为涉及创新个体的高级认知过程，如解释、判断、决策、计划等。该类人因错误通常是由创新个体的知识欠缺、经验不足、成见或偏见等因素所致。知识基人误致错因果模型结构如图 6-7 所示。

（2）BN 节点状态描述。传统的二态系统把节点的状态描述为正常和故障两种状态，只能刻画"非此即彼"的现象。企业技术创新系统人因错误的各种致错因素由于受已知信息的有限性和本身具有潜伏性特点的影响，往往会造成人们对其状态主观理解的不确定性，并没有绝对的好坏之分。因此，BN 网络中各节点从理想状态到完全失效状态之间表现出多态性，具有"亦此亦彼"的模糊特点。节点状态的模糊性可通过模糊集合的语言变量来描述。为了使评

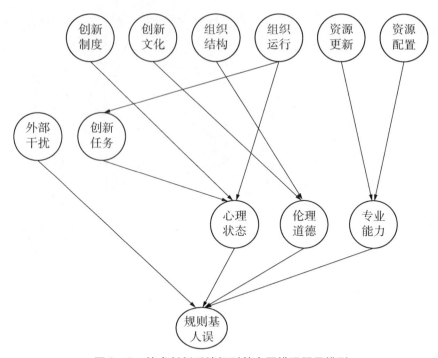

图6-6 技术创新系统规则基人因错误因果模型

价具有统一性和一致性,本书将表示人因错误模式的叶节点状态用模糊语言值集合 $A = \{$正常,可接受偏差,不可接受偏差$\}$ 来评价,将表示影响因子的中间节点和根节点状态用模糊语言值集合 $B = \{$理想的,可接受的,不合理的$\}$ 来评价。文献[155-157]提出可以用模糊数表示节点状态的概率,文献[158]将专家语言变量转化为三角模糊数来确定节点状态的概率。因此,考虑到模糊化的需要,本书也用模糊数表示对应的模糊语言值。对于集合 A,0表示"正常",0.5表示"可接受偏差",1表示"不可接受偏差";对于集合 B,0表示"理想的",0.5表示"可接受的",1表示"不合理的"。

由于不同人对节点状态的评价具有一定的差异性,因此,采用隶属度函数可以更好地描述节点的模糊状态。基于模糊语言值集合描述的三种状态,节点状态的隶属度之和应等于1。假设 BN 中某影响因子节点的状态为 x_i($i = 1$,$2,\cdots,n$),为了使用方便并不失一般性,本书选用梯形隶属函数来描述该节点状态的模糊可能性(先验概率),并将模糊支撑半径设为0.1,如图6-8所示。

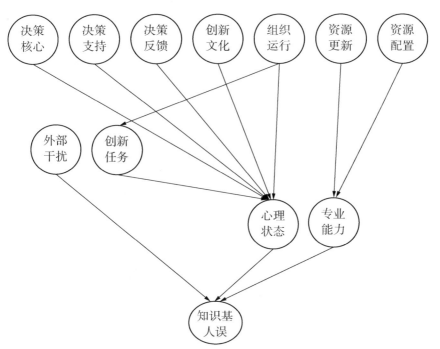

图6-7 技术创新系统知识基人因错误因果模型

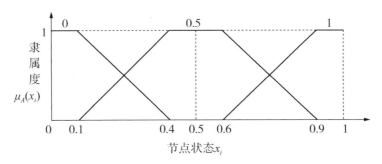

图6-8 梯形隶属函数

由图6-8可知

$$\mu_{\tilde{0}}(x_i) = \begin{cases} 1, & 0 \leqslant x_i < 0.1 \\ \dfrac{0.4 - x_i}{0.4 - 0.1}, & 0.1 \leqslant x_i < 0.4 \\ 0, & 其他 \end{cases} \quad (6-1)$$

$$\mu_{\tilde{0.5}}(x_i) = \begin{cases} \dfrac{x_i - 0.1}{0.4 - 0.1}, & 0.1 < x_i \leq 0.4 \\ 1, & 0.4 < x_i < 0.6 \\ \dfrac{0.9 - x_i}{0.9 - 0.6}, & 0.6 \leq x_i < 0.9 \\ 0, & \text{其他} \end{cases} \quad (6-2)$$

$$\mu_{\tilde{1}}(x_i) = \begin{cases} \dfrac{x_i - 0.6}{0.9 - 0.6}, & 0.6 < x_i \leq 0.9 \\ 1, & 0.9 < x_i \leq 1 \\ 0, & \text{其他} \end{cases} \quad (6-3)$$

设 N 位专家对影响因子的节点状态的概率进行评估,各专家的权重为 $W = \{\omega_1, \omega_2, \cdots, \omega_N\}$,利用加权平均计算节点的具体状态值 $x_i = \sum_{k=1}^{n} \omega_k X_i$,其中 X_i 表示专家对节点处于某状态的评价。若某节点的当前状态通过加权计算评价为 0.7,则由式(6-1)至式(6-3)可得出,该节点属于理想状态的隶属度为 0,属于可接受状态的隶属度为 2/3,属于不合理状态的隶属度为 1/3。

2. 确定条件概率

企业技术创新人因错误因果模型中各致错因子之间的因果关系错综复杂,存在一定的模糊性,通常表现为一种可能性关系,即如果原因事件出现,则特定结果会以一定的概率出现。

假设 BN 中节点 X_i 有 n 个父节点 Y_j ($j=1, \cdots, n$),则当节点 X_i 处于不同状态时,各父节点处于不同状态的概率计算公式为

$$P(Y_{jl} | X_{ik}) = \frac{P(Y_{jl}) P(X_{ik} | Y_{jl})}{P(X_{ik})} \quad (6-4)$$

式中,$P(Y_{jl} | X_{ik})$ 表示当 X_i 处于第 k 个状态时,第 j 个父节点处于第 l 个状态的概率,$P(Y_{jl})$ 表示第 j 个父节点处于第 l 个状态的概率,$P(X_{ik} | Y_{jl})$ 表示当父节点 Y_j 处于第 l 个状态时,叶节点 X_i 处于第 k 个状态的概率,$P(X_{ik}) = \sum_{j=1}^{n} P(Y_{jl}) P(X_{ik} | Y_{jl})$。若采用传统条件概率来表示各节点之间的相互影响程

度，专家的判断量会随着节点状态数量的增长呈指数增长，工作不堪重负。因此，本书将条件概率转化为原因事件（父节点）对结果事件（子节点）影响的贡献度进行估计，一定程度上可以降低专家的工作量。

假设某节点 X_i 有 n 个父节点，分别为 Y_1，Y_2，$\cdots$，Y_n，根据应用背景的一些具体事件数据，结合领域专家的意见，为每个父节点赋予一个取值为 $0 \sim 10$ 的权重，记为 w_i（$i = 1, 2, \cdots, n$），表示各父节点对节点 X_i 的影响程度，取值越大表明影响程度越大。当 n 个父节点分别取不同的概率值 Y_{il} 时，节点 X_i 的状态取值为 $x_i = \dfrac{\sum_{i=1}^{n} w_i Y_{il}}{\sum_{i=1}^{n} w_i}$，然后再根据隶属度函数度量节点 X_i 处于不同状态的条件概率值。

例如，"情绪不良"（用 X_i 表示）这个节点受到"管理制度""创新任务"和"外部干扰"（分别用 Y_1、Y_2、Y_3 表示）三个父节点的影响。若设定这三个父节点的权重分别为 5、9、6，则依照上面的取值规则和隶属度函数式（6-1）、式（6-2）和式（6-3），可计算出"情绪不良"依赖于三个父节点的条件概率分布，结果见表 6-5。

表 6-5　$P(X_i | Y_1, Y_2, Y_3)$ 的条件概率分布

Y_1	Y_2	Y_3	X_i	$P(X_i=0 | Y_1,Y_2,Y_3)$	$P(X_i=0.5 | Y_1,Y_2,Y_3)$	$P(X_i=1 | Y_1,Y_2,Y_3)$
0	0	0	0	1	0	0
0	0	0.5	0.15	0.833	0.167	0
0	0	1	0.3	0.333	0.667	0
0	0.5	0	0.225	0.583	0.417	0
0	1	0	0.45	0	1	0
0.5	0	0	0.125	0.917	0.083	0
1	0	0	0.25	0.5	0.5	0
0	0.5	0.5	0.375	0.083	0.917	0
0	0.5	1	0.525	0	1	0
0	1	0.5	0.6	0	1	0
0	1	1	0.75	0	0.5	0.5
0.5	0	0.5	0.275	0.417	0.583	0
0.5	0	1	0.425	0	1	0
1	0	0.5	0.4	0	1	0
1	0	1	0.55	0	1	0
0.5	0.5	0	0.35	0.167	0.833	0
0.5	1	0	0.575	0	1	0
1	0.5	0	0.475	0	1	0
1	1	0	0.7	0	0.667	0.333
0.5	0.5	0.5	0.5	0	1	0
0.5	1	0.5	0.725	0	0.583	0.417
0.5	0.5	1	0.65	0	0.833	0.167
0.5	1	1	0.875	0	0.083	0.917
1	0.5	0.5	0.625	0	0.917	0.083
1	0.5	1	0.775	0	0.417	0.583
1	1	0.5	0.85	0	0.167	0.833
1	1	1	1	0	0	1

6.3　组织错误识别方法

如果把企业技术创新系统看作一个有机体,那么组织错误就是潜伏在该有机体中的病原体。系统越复杂,各种潜在的组织错误就越多。一个健康的组织

并不是超越潜在错误而存在,而是能不断致力于找出潜在错误并随时消除它们。由于组织错误是企业技术创新人因错误的根源,因此,企业技术创新要想减少失败,一种行之有效的方法就是动态追溯人因错误背后的组织错误根源,从源头上提出改进措施,不断优化企业的技术创新管理体系。本书基于组织定向的人因错误致错路径和模糊因果模型,设计了企业技术创新系统的组织错误识别流程,如图6-6所示。

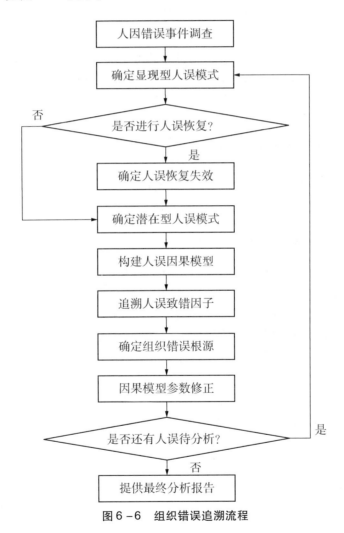

图6-6 组织错误追溯流程

6.3.1 人因错误事件调查

人因错误事件调查是为了进一步分析确定的人因错误事件，对人因事件发生的主体、时间、地点，以及具体发生情况展开的详细调查和资料收集工作，具体需要完成以下几方面的工作：

（1）收集记录在案的可用信息，包括工作日志、规程、各种记录图表、监督记录、维修记录及类似事件的报告等。

（2）弄清楚人因错误事件发生的具体情境，必要时进行具体的创新任务分析。可以对照规程，把任务分解为具体的可实施活动，并调查完成每项活动的执行者、活动目标、活动对象、工作场景、完成活动的方法、所需的资源状况、所需的认知功能，以及执行者采取的具体行动，确定人因错误模式。

（3）估计人因错误模糊因果模型的概率参数，确定需要进一步深入调查内容的优先次序和调查投入，并根据收集资料情况，列出问题清单，为访谈做好准备。

（4）进行访谈，通过对事件当事人和相关人员的调查，了解事件发生的真实过程和具体结果。

6.3.2 人因错误事件过程模拟

人因错误事件过程模拟是根据对人因错误事件的调查资料，从事件的初始状态到事件发生后产生的后果之间所经历的一切，按时间顺序描述，使有关负责人及相关人员能够清晰地了解事件的全过程及其相关细节。为了使事件整个过程涉及的各种因素和潜在型人误的前后联系更直观具体，在事件调查和资料收集的基础上，需要参照事件时序描述，构建事件时序图，可依照如下三个步骤进行：

1. 确定事件的范围

确定事件的始点和终点，始点是指事件的初始状态，表示事件发生前机器设备或创新主体所处的状态；终点是指事件造成的后果，可以用显现型人误模式来描述。

2. 明确失误事件发生的顺序

从事件开始到结束，按顺序弄清事件的各个环节，即发生了什么（what）、在何地发生（where）、在何时发生（when）、谁发生了错误（who）以及事件的最终后果。

3. 构造事件时序图

根据调查和访谈的信息，按事件发生全过程的时序将所有相关的事情连接起来,找出谁出现了错误行为或什么(设备)发生了故障。"谁出现了错误行为"是造成人因错误事件的潜在型人误;"什么发生了故障"是指设备失效,没有完成预期功能或出现非预期状态。将人因错误和设备故障统称为"错误",放在"◇"图框内,一起事件中可以有多个错误,即可有多个"◇"。在"错误"的紧前或紧后发生的非错误行为或存在的非错误状态属于事件发生的中间环节,称为"事情",放在"□"图框内。一起事件的发生可以有多个中间环节,有的行为或状态虽然不直接卷入事件的过程,但事情的发展方向和结果却会受到它的影响,这样的行为或状态称为"次级事情",放在"□"图框内。若把事件的开始状态也可看成事情放在"□"图框内,事情的后果放在"○"图框内,然后将"初始状态→事情→错误→后果"按顺序用箭头前后相连,画在一条主线上,将次级事情画在主线的两侧,并用箭头指向所影响事情的紧后箭头,最后在"◇""□""○"图框下面标注相应行为发生的日期和时间,这样便可以绘制出事件时序图,如图6-7所示。

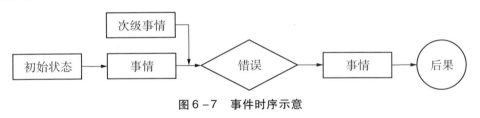

图 6-7 事件时序示意

6.3.3 人因错误事件屏障分析

屏障是维持技术创新系统正常运行,阻碍不当行为的手段。正是由于没有屏障或屏障的失效,才导致人因错误事件的发生。人因错误事件的分析最终需要寻找出失效的屏障并提出修补的方法。人因错误事件屏障分析就是找出现有屏障的缺陷或漏洞,并提出有效的改进方案,即通过添加新屏障或修改原有屏障提高系统的防护性能,从而防止相同或类似事件的再次发生。屏障一般与事件的根本原因和促成因素相对应,按照屏障的表现形态,可以将企业技术创新系统屏障分为物理屏障和管理屏障[159]。物理屏障用于保护人员和设备的安全,以及增强人-机交互和设备运行的性能,主要包括各种警示信号、标牌、安全门锁,以及各类安全保护和应急设备等实体设施;管理屏障用于保障人员行为的可靠性,主要指各种操作规程、管理条例、人员授权、相互监督等。人因错误事件的发生往往是多重屏障的依次失效才导致的。因此,屏障分析往往与事件和原因因子(event & cause factor,E&CF)图相结合,并放在 E&CF 图的下方,便于确定事件时序中失效屏障的具体位置。

6.3.4 人因错误事件组织错误追溯

1. 追溯停止规则

人因错误事件的根原因可以追溯到人类的过去历史，无止境地分析下去，但这样对消错没有任何意义可言，因此，在人因错误事件根原因的调查分析中需要建立追溯的停止规则。企业技术创新人因错误的根本原因是组织因素的失效，因此，在对原因因子进行具体调查和分析的过程中，以追溯到具体的组织因素为原则，可以将下列条件的出现作为停止追溯的判断标准：

（1）原因已超出创新个体的控制范围；
（2）原因的消错代价超出允许的范围；
（3）人误的主要影响得到了完整解释；
（4）没有其他原因可以解释要评估的影响；
（5）进一步的原因及影响分析将不会为解决主要问题提供更多的益处。

2. 根原因分析

人因错误事件根原因分析的目的是确定事件为什么会发生，以便从源头上提出消错策略，防患于未然。事件和原因因子图可以帮助调查者理解事件发生的先后次序以及引起事件的原因。引发人因错误的原因可以具体分为中间原因、促成因素和根本原因。中间原因是引发人因错误的中间环节；促成因素是对人因错误的发生有贡献，但并不必然导致错误的发生，对其进行纠正，可以减少错误出现的可能性；根本原因是错误发生的最终源头，对其进行纠正，可以防止类似错误的重复发生。通过绘制 E&CF 图可以汇集与错误模式相对应的各类原因，一般在事件时序图的主线下侧对错误加上原因及失效屏障，即可构成 E&CF 图。通常用"◯"表示条件，即原因；以"⬬"表示事件的根本原因因素。将这些原因因素放在时序图的下方，再在最下方加上屏障分析，失效屏障用"▬"表示。具体如图 6-8 所示。

利用根原因追溯法只分析出企业技术创新人因错误事件的根原因，但并不能分清哪些是导致事故发生的主要原因，哪些是次要原因。因此，最好能通过组织定向的人因错误因果模型定量计算各根原因发生的概率密度，由此可以选取发生概率大且较容易控制的根原因进行优先控制，从而以最少的消错成本获得最大的消错效果。

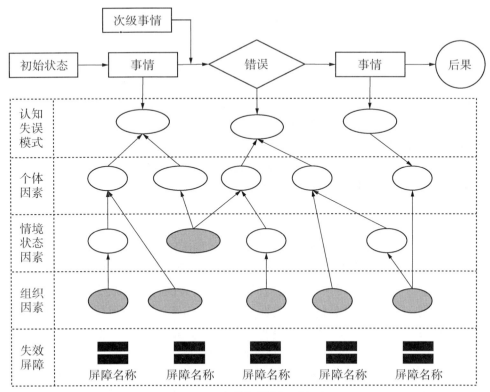

图 6-8 事件与原因因子示意

6.3.5 应用实例

1. 实例情境

J 公司是一家以低成本、高质量著称的橡胶集团公司，曾经拥有 12 条不同的橡胶产品生产线。公司声誉很好，经常接到希望其制造相关专业产品的咨询或要求。1992 年 12 月 7 日，J 公司市场部副主席费兰接到 M 公司的电话，委托其开发和制造一种新橡胶产品材料，合同金额为 25 万美元。J 公司规定所有的投标决定须由公司的主席和三个副主席（分别是市场部、工程设计部和制造工业部三个部门的负责人）共同决定，而主席和制造工业部副主席当时正在休假。由于 M 公司是 J 公司的长期客户，因此，费兰经过电话沟通，得到了主席的指示，同意接受该新产品设计与制造项目。随后，费兰度假，将该项目委托给工程设计部副主席罗西（罗西当时非常支持该项目）来负责。罗西选择了开发和研制方面的专家欧文担任项目经理。两天后，罗西和欧文根据彼得公司提供的粗略产品说明书提交了一份项目计划建议书，并且该建议书在 M

公司的会议上被接受，双方签订了合同。合同表明 M 公司将承担全部成本 25 万美元，合同签订日预支付 12.5 万美元，其余将在合同终止时支付。合同于 1993 年 1 月生效，为期 6 个月。另外，合同提到 M 公司将会派一个全职代表力特作为项目顾问，负责向 M 公司报告项目的运行及进展情况。

1993 年 1 月开始工作的第一天，J 公司的三个副主席和开发研制中心主任杰克举行了一次会议，杰克认为欧文的经验是管理内部项目而不是外部项目，不适合担任该项目经理，而罗西坚决支持欧文，表示会时刻注意该项目，并尽可能地帮助欧文。

1 月，第二个星期结束时，欧文已将所有原材料采购完毕，准备开始测试。欧文计划共做 30 次试验，先进行前 5 个试验，然后根据试验结果再决定剩余的 25 个试验计划。在力特到达 J 公司时，欧文已经完成了前三个试验，但测试结果与预期不同。力特认为 J 公司的测试计划脱离基础，应改变测试方向。欧文则认为做完第四和第五个试验后，依据测试结果再做决定。力特虽然极不高兴，但也同意再等待几天。后来，第四和第五个试验得出的结果与前三个一致，刚好介于可接受和不可接受的边缘。欧文认为应该接受前 5 个试验的结果并将剩下的 25 个试验做完。为此，J 公司的工程设计部成员认真分析这些数据，并制定接下来的 25 个测试计划。但力特反对这样做，他请示 M 公司的老板并告诉当时 J 公司的形势以及前 5 次失败试验，并决定改变测试方向。此时，欧文表示他已为该项目购买了 3 万美元的原材料，而力特的试验方法将额外增加 1.2 万美元成本。力特则认为成本超支是欧文的事，指责其在测试不完全成功的情况下，不应该购买全部原材料。

2 月，欧文在力特的直接干预下完成了 15 个试验，但没有得出任何有效数据。此时，力特向 M 公司汇报，说明试验在 J 公司得不出有利结论，也没有好转的可能。欧文则抱怨力特的行为严重扰乱了他先前制订的测试计划，致使许多项目成员因为别的任务而不能继续该项目，并且项目已经严重超支。

3 月，欧文几乎每天都能收到项目成员投诉力特干涉他们工作的电话。实际上，力特已单方面改变了最新制定的测试方法。3 月底，项目成员对该项目已不抱任何幻想，开始寻找其他任务。欧文把这一切归因于力特的干涉。随着情况的进一步恶化，力特要求罗西及杰克撤掉欧文。但罗西拒绝了该要求，并命令杰克全力帮助欧文使项目走上正轨。杰克和欧文通过仔细分析数据，一致认为项目已完全失去控制。他们决定重新制订计划但拒绝力特参与，这种行为激怒了力特。于是，力特向 M 公司汇报了这种情况。结果，M 公司取消了与卡尔公司的这次合作。

2. 实例分析

根据上述案例描述资料，按时间顺序建立检查表来梳理事件发生的具体过程，具体见表6-6。

表6-6 卡尔公司新橡胶材料研发项目失败事件检查表

时序	事情	执行主体	执行过程
1	接到彼得公司委托	费兰、主席	彼得公司要求48小时内给予答复，市场部副主席费兰电话征求主席意见，得到同意接受的指示后，将项目委托给工程设计部副主席罗西
2	项目立项	罗西、欧文	基于彼得公司提供的产品说明书，罗西和研发专家欧文准备了简单的成本摘要以及工程设计部能力说明的建议书，并得到彼得公司的接受，签订了合同
3	选择项目经理	罗西、杰克	工程设计部副主席罗西不顾研发中心主任杰克的反对，任命欧文为项目经理
4	测试准备	欧文	制订测试计划，拟完成30次测试，并购买了全部测试原材料
5	第一阶段测试	欧文	完成前3次测试，结果与预期不同，力特建议改变测试方向，但欧文坚持继续测试，力特勉强同意
6	第二阶段测试	欧文	完成第4、5次测试，结果与前3次一致，欧文接受试验结果，准备做完剩余的25个测试，力特坚决反对，并决定改变测试方向，但需要额外增加1.2万美元的成本
7	第三阶段测试	欧文、力特	欧文在力特的直接领导下完成15个试验，未得出任何有效数据，力特认为在卡尔公司得不出有利结论，单方面改变最新制定的测试方法，干涉员工工作，欧文则抱怨力特扰乱测试计划，导致成本超支
8	重新制订计划	欧文、杰克	认为项目完全失去控制，决定重新制订计划，但拒绝力特参与。

以上事实表明，J公司承担的新橡胶产品材料的开发与制造项目没有达到预期目标，也没有产生任何成果，还花费了大笔资金，更破坏了与长期客户彼得公司的良好关系，最终导致项目在实验阶段的失败。通过分析J公司的项目

实施过程，可以发现主要出现了重新制订计划时拒绝力特参与（规则基人误）、实验数据无效（知识基人误）、实验成本超支（知识基人误）、项目经理不合格（规则基人误）、未进行可行性分析（规则基人误）等错误，基于人因错误致错路径，构造项目实验阶段的 E&CF 如图 6-9 所示。

在项目的可行性研究阶段，由于 M 公司要求 J 公司在 48 小时内做出决定，加之 M 公司是 J 公司的长期客户，具有一定的友好关系，因此，在非常紧急的情况下，J 公司的市场部主席只是和主席通过电话沟通，就草率承接了 M 公司的项目委托，并没有对项目进行深入的技术、经济分析和方案比较，做出最佳的决策方案。可以说，J 公司的项目决策程序不够严密，没有严格的决策流程。

在项目经理选择过程中，虽然杰克当时提出了欧文不适合做外部项目经理的看法，但工程设计部副主席力挺欧文，存在认知偏见。显然，公司在选择项目经理这一环节没有明确的选择标准和评价原则。

在项目的具体执行过程中，出现了实验成本超支和实验数据无效的错误。首先，项目经理在试验结果未知的情况下，一次性将试验材料全部购买，造成成本超支。另一方面，在明确将会出现严重超支的情况下，没有及时调整计划，还继续进行测试工作，进一步加大了费用偏差。其次，由于 J 公司内部培训不足，项目经理的知识陈旧、观念保守使其采用的实验方法脱离实验基础，加之 J 公司长期以来形成极度保守的企业文化，企业工程设计部只有极少数人员组成，研发能力薄弱，思想故步自封，从而导致实验数据出现偏差时，仍然存在侥幸心理，没有及时调整实验计划和实验方向，最终造成在实验成本严重超支的情况下，不得不继续测试。显然，J 公司没有科学合理的项目管理流程，员工知识更新不足，创新文化过于保守。

在项目计划重新制定过程中，杰克和欧文由于一直抱怨项目顾问力特在实验过程中从中干涉，产生抵触情绪，从而拒绝力特参与新实验计划，这一举动违背了项目合同中力特作为项目顾问的相关条款，是导致项目取消最直接的原因，从而说明了项目团队的内外沟通不畅。

通过图 6-9 的追溯分析，卡尔公司的失效屏障表现为：缺乏严格的决策程序、缺乏项目经理评价标准、项目管理流程不规范、创新文化保守、组织结构轻视研发部门、技术培训制度不健全等。正是这些组织错误的潜在影响沿着人因错误的形成路径导致了图 6-9 展示的一系列潜在型人因错误。在常规的生产制造活动中，这些组织错误是难以发现的。如果将卡尔公司完全定位于一家纯粹的生产型企业，不进行研发和创新活动，那么这些组织缺陷也就不能称为组织错误了。当然，卡尔公司也失去了进一步发展的潜力。

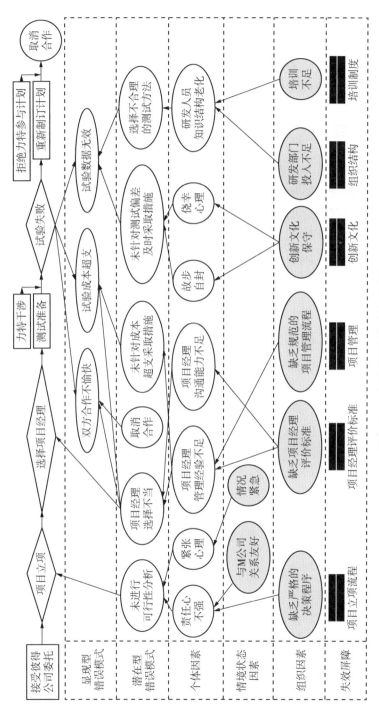

图6-9　J公司项目失败的E&CF图

从有利于企业技术创新的角度看，本次失败事件的分析虽然指出了卡尔公司存在的一些组织错误，但并不是全部，有些组织错误或许隐藏得更深，还没有完全暴露出来。没有完全健康的组织，企业只有不断地识别和消除组织错误，才能有效运行，持续发展。

6.4 本章小结

本章首先基于企业技术创新系统运行的基本因素分析，构建了企业技术创新系统组织错误四级分类模型，并列举了组织错误的表现模式；然后通过提炼人因错误的致错路径，详细分析了人因错误致错因子，并借助贝叶斯网络构建了组织定向的人因错误因果模型；最后给出了组织错误的识别流程和实例分析，为下一步的消错方法和消错策略奠定基础。

7 企业技术创新系统组织错误消错策略

古人云：人非圣贤，孰能无过？人是会犯错误，而且有些错误是可以得到谅解的，但是如果在出现错误时一味地推诿扯皮，不去找原因并想办法消除，就不可宽恕了。在企业技术创新过程中，组织错误是诱发人因错误的潜在原因。然而，现实中人们往往在人因错误造成损失之后，不是寻根究底，想办法解决问题，而是追究责任，相互抱怨，这不仅于事无补，而且给人一种"为时已晚"的感觉。因此，积极寻求有效的组织错误消错策略是企业从源头上解决技术创新问题的关键，科学合理的消错策略有助于企业逐步规范技术创新管理体系，从而降低人因错误发生的可能性。

7.1 基本变换消错概述

基本变换是消错学中两大消错方法的核心和基础，具体包括相似变换、置换变换、分解变换、增加变换、毁灭变换和单位变换六种变换方式。它通过对特定错误实施一定的变换，改变其存在的条件与方式，从而使错误在一定的条件下向正确转化。

7.1.1 基本变换的逻辑命题

1. 相似变换的逻辑命题表示

设

$$A(u(t),x(t)) = A((U(t),S(t),\vec{p},T(t),L(t)),x(t) = f(u(t),G(t)))$$

为定义在 $U(t)$ 上，对于判别规则 $G(t)$ 的错误逻辑变量，若有

$$T_{xs}(A((U(t),S(t),\vec{p},T(t),L(t)),x(t) = f(u(t),G(t))))$$
$$= A((U(t),S(t),\vec{p},T(t),L(t))',x'(t) = f(u'(t),G'(t))),$$

则称 T_{xs} 是在 $U(t)$ 上，对于判别规则 $G(t)$ 和 $A((U(t),S(t),\vec{p},T(t),L(t)),x(t))$ 的相似转化连接词，记为 T_{xs}。

2. 置换变换的逻辑命题表示

设

$$A(u(t),x(t)) = A((U(t),S(t),\vec{p},T(t),L(t)),x(t) = f(u(t),G(t)))$$

为定义在 $U(t)$ 上,对于判别规则 $G(t)$ 的错误逻辑变量,有

$$T_{zh}(A((U(t),S(t),\vec{p},T(t),L(t)),x(t) = f(u(t),G(t))))$$
$$= B((V(t),S(t),\vec{p},T(t),L(t)),y(t) = g(v(t),G(t))),$$

则称 T_{zh} 是在 $U(t)$ 上,对于判别规则 $G(t)$ 和 $A((U(t),S(t),\vec{p},T(t),L(t)),x(t))$ 的置换转化连接词,记为 T_{zh}。

3. 分解变换的逻辑命题表示

设

$$A(u(t),x(t)) = A((U(t),S(t),\vec{p},T(t),L(t)),x(t) = f(u(t),G(t)))$$

为定义在 $U(t)$ 上,对于判别规则 $G(t)$ 的错误逻辑变量,若有

$$T_{fj}(A((U(t),S(t),\vec{p},T(t),L(t)),x(t) = f(u(t),G(t))))$$
$$= \{A_1((U_1(t),S_1(t),\vec{p}_1,T_1(t),L_1(t)),x_1(t) = f_1(u_1(t),G_1(t))), A_2((U_2(t),S_2(t),\vec{p}_2,T_2(t),L_2(t)),x_2(t) = f_2(u_2(t),G_2(t))),$$
$$\cdots,A_n((U_n(t),S_n(t),\vec{p}_n,T_n(t),L_n(t)),x_n(t) = f_n(u_n(t),G_n(t)))\},$$

这里 $u_1(t) + u_2(t) + \cdots + u_n(t) = u(t)$,则称 T_{fj} 是在 $U(t)$ 上,对于判别规则 $G(t)$ 和 $A((U(t),S(t),\vec{p},T(t),L(t)),x(t))$ 的分解转化连接词,记为 T_{fj}。

4. 增加变换的逻辑命题表示

设

$$A(u(t),x(t)) = A((U(t),S(t),\vec{p},T(t),L(t)),x(t) = f(u(t),G(t)))$$

为定义在 $U(t)$ 上,对于判别规则 $G(t)$ 的错误逻辑变量,若有

$$T_{zj}(A((U(t),S(t),\vec{p},T(t),L(t)),x(t) = f(u(t),G(t))))$$
$$= \{A((U(t),S(t),\vec{p},T(t),L(t)),x(t) = f(u(t),G(t))),$$
$$A_1((U_1(t),S_1(t),\vec{p}_1,T_1(t),L_1(t)),x_1(t) = f_1(u_1(t),G_1(t))),$$
$$A_2((U_2(t),S_2(t),\vec{p}_2,T_2(t),L_2(t)),x_2(t) = f_2(u_2(t),G_2(t))),$$
$$\cdots,A_n((U_n(t),S_n(t),\vec{p}_n,T_n(t),L_n(t)),x_n(t) = f_n(u_n(t),G_n(t)))\},$$

则称 T_{zj} 是在 $U(t)$ 上,对于判别规则 $G(t)$ 和 $A((U(t),S(t),\vec{p},T(t),L(t)),x(t))$ 的增加转化连接词,记为 T_{zj}。

5. 毁灭变换的逻辑命题表示

设

$$A(u(t),x(t)) = A((U(t),S(t),\vec{p},T(t),L(t)),x(t) = f(u(t),G(t)))$$

为定义在 $U(t)$ 上，对于判别规则 $G(t)$ 的错误逻辑变量，有

$$T_{hm}(A((U(t),S(t),\vec{p},T(t),L(t)),x(t) = f(u(t),G(t))))$$
$$= A((\Phi,\Phi,\Phi,\Phi,\Phi),\Phi = \Phi(\Phi,\Phi)),$$

则称 T_{hm} 是在 $U(t)$ 上，对于判别规则 $G(t)$ 和 $A((U(t),S(t),\vec{p},T(t),L(t)),x(t))$ 的毁灭转化连接词，记为 T_{hm}。

6. 单位变换的逻辑命题表示

设

$$A(u(t),x(t)) = A((U(t),S(t),\vec{p},T(t),L(t)),x(t) = f(u(t),G(t)))$$

为定义在 $U(t)$ 上，对于判别规则 $G(t)$ 的错误逻辑变量，有

$$T_{dw}(A((U(t),S(t),\vec{p},T(t),L(t)),x(t) = f(u(t),G(t))))$$
$$= A((U(t),S(t),\vec{p},T(t),L(t)),x(t) = f(u(t),G(t))),$$

则称 T_{dw} 是在 $U(t)$ 上，对于判别规则 $G(t)$ 和 $A((U(t),S(t),\vec{p},T(t),L(t)),x(t))$ 的单位转化连接词，记为 T_{dw}。

7.1.2 基本变换的对象

消错学认为错误系统是由于系统的论域、要素、结构和规则出现了错误，进而导致系统的目的功能不能实现，可以通过单独对这些元素进行基本变换或同时对它们中的多个元素进行组合变换来达到消错目的。

1. 论域

论域是指研究问题所界定的范围，体现了研究问题所处的时间、空间和专业领域等。在经典逻辑和模糊逻辑中，论域往往是固定不变的，反映了人们的一种思维习惯，即把问题涉及的对象局限于某一固定的范围内，这一定程度上限定了人们的视野。在客观世界中，某一论域中的错误在另一论域中可能是正确的。因此，错误逻辑研究如何在论域变换的情形下使错误转化为正确。

例如，在市场营销中，企业通过不断扩大其销售范围，从一个地区扩大到一个省，扩大到全国，甚至全球，从而把大量的潜在顾客和非顾客变成真正顾客，实现市场的不断扩展。

2. 要素

要素是指在一定论域内，系统实现目的功能所必不可少的，且不需要再加以分解和追究其内部构造的基本成分，主要表现为完成任务所需的各种资源，是系统运行的基础。在技术创新过程中，很多情况下是由要素数量不足或质量不合格而导致创新失败的。因此，通过对要素的基本变换可实现错误向正确

转换。

例如，在技术创新过程中，企业通过增加研发资金投入和研发人员的招聘来增强企业的研发能力，从而提升技术创新的成功率。

3. 结构

结构是指系统内部各要素之间在时间或空间上排列和组合的具体方式和相互作用机制，是系统运行的关键。在现实中，同样的系统要素，由于要素之间的组合方式和作用方式不同而产生不同效果的现象比比皆是，如金刚石和石墨的区别。

例如，古代的"田忌赛马"就是通过变换赛马对应关系而实现反败为胜的。

4. 规则

规则是指组织正式制定并通过和群体成员约定成俗的，由组织成员共同遵守和认可的，判别事物和行为是否错误的各种正式和非正式的规定、制度和价值观念，是系统运行的人为约束条件。对于这些约束条件的规定，某些元素没有满足限制条件，造成不可行和错误，但改变规则后，不满足原限制的元素可以变为满足"新限制"条件的元素，从而变不可行为可行，变错误为正确。

例如，不同时期采用不同的政策，不同地区执行不同的规定等都属于规则的变换。规则的变换往往是以实际问题为背景的。

7.1.3 基本变换的原则

1. 客观实际需要原则

为什么对系统的论域、要素、结构和规则进行变换，以及对这些元素进行哪些变换，如何变换往往取决于系统运行的实际状况。若系统运行良好，能够很好地实现其目的功能，则没有变换的必要。相反，若系统运行效率低下、成本偏高，差错不断，而且目的功能不能有效实现，则通过系统各元素的变换来消除错误，改善其运行状况成为必然。

2. 实际条件许可原则

通过对错误系统中的元素进行变换而达到消错目的时，不仅会消耗人、财、物等各种资源，而且受各种因素的影响。由于资源的稀缺性和各种影响因素的复杂性，对系统元素进行基本变换时不仅会受到资源有限性的制约，而且需要满足各种主客观条件。因此，对系统元素的变换需要在实际情况许可的条件下方可实施，否则就是空想。

3. 消错效果满意原则

一般说来，同一种错误往往存在着多种消除方法。因此，消除错误的方案也不止一个。由于人的有限理性以及受消错能力和消错成本的限制,决策者往往不可能穷举所有的消错方案,只能是在已知方案中选择消错代价和效果符合要求的方案,即奉行"令人满意"的消错准则。

7.2 组织错误消错策略

实现企业技术创新系统组织错误的消除是将组织当前的失效状态转化为期望状态。因此,制定组织错误消错策略就需要准确评价组织错误的当前状态,明确组织的期望状态,并在一定的约束条件下,采取适当的变换方式来实现当前状态向期望状态的转换。

7.2.1 组织错误状态描述

为了便于对组织错误进行结构化分析和消错处理,本书借鉴消错学中的错误逻辑变量对企业技术创新系统的组织因素状态进行结构化描述。根据企业技术创新组织错误分类体系,组织错误可以看成是一个从下至上依次由模式层、指标层、系统层错误集成的复杂错误系统。层次性是系统结构的基本特性之一,包括等级性和多侧面性。等级性是指系统从纵向上存在不同等级的层次关系,其中低一级的系统结构是高一级系统结构的有机组成部分,低层次隶属和支撑高层次,高层次包含或支配低层次[160]。多侧面性是指在系统结构的同一级层次,从横向上可以分为若干相互联系而又各自独立的平行部分。研究系统结构的层次性,有助于合理调整和管理系统。组织错误的不同层次状态,可以通过不同的错误函数来描述。

1. 错误函数形式

错误函数是定量化描述错误的基本工具。不同的错误可以采用不同错误函数形式来表达。

(1) 基本型错误函数。设 U 是一个对象集,G 是 U 上的一组规则,令

$$V = \{(u,G) | u \in U\}, f: V \to \mathbf{R},$$

则称 f 为定义在 U 上对于规则 G 的错误函数,简称为 U 上的错误函数,记为

$$x = f(u,G) \text{ 或 } x = f(u),$$

其中,$\mathbf{R}$ 为实数域。

(2) 向量型错误函数。设错误函数的论域

$$U = U_1 \times U_2 \times \cdots \times U_n,$$

其相应的值域

$$V = V_1 \times V_2 \times \cdots \times V_n,$$

其中 $V_i = (U_i, G_i)$，$v_i = f_i(G_i \neq > u_i)$，$i = 1, 2, \cdots, n; \vec{f(u)} = \{v_1 = f_1(G_1 \neq > u_1), v_2 = f_2(G_2 \neq > u_2), \cdots, v_n = f_n(G_n \neq > u_n)\}$，其中 $\vec{v} = (v_1, v_2, \cdots, v_n)$，$\vec{u} = (u_1, u_2, \cdots, u_n)$，$u_i \in U_i$，则 $f(u)$ 为向量型错误函数。

（3）和式型错误函数。设错误函数的论域为 U，

$$V = \{v \mid v = f(u, G), u \in U\},$$

又 $X = (u_1, u_2, \cdots, u_n)$ 是 U 的子集，若

$$f(X, G) = f(X) = \sum_{i=1}^{n} v_i(u_i, G),$$

则称 $f(X)$ 为和式型错误函数。如果存在一组权系数

$$C \in \{c_1, c_2, \cdots, c_n\} \mid c_i \geq 0\},$$

且

$$f(X, G) = f(X) = \sum_{i=1}^{n} c_i v_i(u_i, G),$$

则称 $f(X)$ 为加权和式型错误函数，其中 c_i 的取值应体现各个错误的相对重要程度，即决策者对各个错误的重视程度。

若 $v_i(u_i, G) = f(u_i, G) < 0$，且 u_i 的良好表现能够弥补或抵消其他错误的劣势，则 $f(X, G) = f(X) = \sum_{i=1}^{n} c_i v_i(u_i, G)$ 称为可弥补加权和式型错误函数。

若 $v_i(u_i, G) = f(u_i, G) < 0$，但 u_i 的良好表现无法弥补或抵消其他错误的劣势时，则令 $v_i(u_i, G) = 0$，此时称 $f(X, G) = f(X) = \sum_{i=1}^{n} c_i v_i(u_i, G)$ 为不可弥补加权和式型错误函数。

（4）协调型错误函数。设错误函数的论域为

$$U = U_1 \times U_2 \times \cdots \times U_n, V = \{v \mid v = f(u, G), u \in U\},$$

又 $X = (u_1, u_2, \cdots, u_n)$ 是 U 的子集，则

$$f(X, G) = f(X) g(v_1, v_2, \cdots, v_n)$$

称为协调型错误函数，其中 g 称为协调因子，其实质是一种外部作用力。在这种作用力的影响下，按照某一评价准则，若 $f(X) \leq 0$，则表示对象 X 的总体

效能 $E(X)$ 大于各对象 u_i 的效能之和 $\sum_{i=1}^{n} E(u_i)$；若 $f(X) > 0$，则表示对象 X 的总体效能 $E(X)$ 小于各对象 u_i 的效能之和 $\sum_{i=1}^{n} E(u_i)$，即对象之间存在内耗。

2. 组织错误状态描述

组织错误状态描述是组织因素的特征体现，基于不同的考虑问题角度，需要提炼不同的特征进行描述。为了达到消错目的，将组织错误状态分为当前状态和期望状态。

（1）模式层描述。模式层组织错误是企业技术创新系统运行失效的外在化表现形态，可以依据明确的判别规则来识别。设 $U(t)$ 是企业技术创新系统组织因素具体表现形式的集合，$G(t)$ 是判别组织因素是否有效的一组明确规则，$x(t)$ 是模式层某组织错误值，则可以用错误逻辑变量

$$(u(t),x(t)) = A((U(t),S(t),\vec{p},T(t),L(t)),x(t) = f(u(t),G(t)))$$

来表示企业技术创新系统的组织错误表现模式，其中，$S(t)$ 表示组织错误对象，$\vec{p}$ 表示空间，$T(t)$ 表示错误对象的特征，$L(t)$ 表示特征的对应量值。

例如，某企业技术创新决策核心系统失效的主要原因是决策者能力不足，具体表现为专业知识缺乏，可以用错误逻辑变量 $A((决策核心系统，决策者，某企业，决策能力，专业知识缺乏)，x)$ 来表示，其中 x 表示决策者专业知识缺乏的程度，可以选择基本型错误函数来取值度量。

（2）指标层描述。指标层组织错误往往表现为多种错误模式，是模式层组织错误的聚合，可以用一定的指标属性来评价。设 $U(t)$ 是企业技术创新系统组织错误的评价指标集合，$y(t)$ 是某组织错误评价指标的错误值，$x_i(t)$ 表示与组织错误评价指标对应的模式层组织错误值，则指标层组织错误的状态可以用错误逻辑变量

$$\begin{aligned}(u(t),y(t)) &= A((U(t),S(t),\vec{p},T(t),L(t)),y(t)\\ &= (x_1(t),x_2(t),\cdots,x_n(t))')\end{aligned}$$

来表示，其中，$S(t)$ 表示某评价指标，$\vec{p}$ 表示空间，$T(t)$ 表示评价指标的特征，可以用科学性、合理性、有效性等属性来评价，$L(t)$ 表示与特征对应的量值，用模糊语言集合来描述，由对应的错误模式综合权衡后进行评价，$y(t)$ 采取向量型错误函数。

例如，某企业技术创新决策核心系统运行失效，可以用错误逻辑变量 $A((决策系统，决策核心系统，某企业，有效性，轻度失效)，y)$ 来表示，其中 y 表示决策核心系统轻度失效对应的模式层组织错误，由决策目标、决策

者能力、决策程序、决策方案等的错误值构成。

（3）系统层描述。系统层组织错误是指标层组织错误的综合集成。设 $U(t)$ 是企业技术创新系统各个子系统的集合，$z(t)$ 是技术创新子系统失效的错误值，$y_i(t)$ 表示造成技术创新子系统失效的各指标错误值，则系统层组织错误可以用错误逻辑变量

$$(u(t),y(t)) = A((U(t),S(t),\vec{p},T(t),L(t)),z(t) = \sum_{i=1}^{n} a_i y_i(t))$$

来表示，其中，$S(t)$ 表示企业技术创新子系统，$\vec{p}$ 表示空间，$T(t)$ 表示子系统的特征，$L(t)$ 表示与特征对应的量值，用模糊语言集合来描述，$z(t)$ 采取和式型错误函数，是指标层组织错误值的加权平均，a_i 表示模式层错误的权重，满足 $\sum_{i=1}^{n} a_i = 1$。

例如，某企业技术创新决策系统运行失效，可以用错误逻辑变量 $A($（企业技术创新系统，决策系统，某企业，有效性，轻度失效），$z)$ 来表示，其中 z 表示决策系统轻度失效程度，由对应的指标层组织错误（包括决策核心系统、决策支持系统和决策反馈系统）的错误值加权求和后度量。

（4）整体层描述。整体层组织错误是系统层组织错误相互作用后的综合体现，企业技术创新各子系统之间的协调程度决定了组织错误的综合表现，可以用错误逻辑变量

$$(u(t),z(t)) = A((U(t),S(t),\vec{p},T(t),L(t)),Z(t) = f(z_1(t),z_2(t),z_3(t),z_4(t)))$$

来表示企业技术创新系统组织错误的整体情况，其中，$S(t)$ 表示企业技术创新系统的所有组织因素，$\vec{p}$ 表示空间，$T(t)$ 表示该企业技术创新系统的特征，$L(t)$ 表示与特征对应的量值，用模糊语言集合来描述，$Z(t)$ 采取协调型错误函数，用于描述企业技术创新系统中四个子系统的协调性，协调程度的高低反映了企业技术创新系统的有效程度，$z_1(t),z_2(t),z_3(t),z_4(t)$ 分别表示决策系统、资源系统、组织系统和规则系统的错误函数。

例如，某企业技术创新系统运行失效，可以用错误逻辑变量 $A($（企业技术创新组织因素，企业技术创新系统，某企业，有效性，轻度失效），$Z)$ 来表示，其中 Z 表示该企业技术创新系统轻度失效程度，由决策系统、资源系统、组织系统和规则系统的协调程度来最终决定。

7.2.2 基本变换的推理规则

变换的目的是生成和选择恰当的对象去解决问题，从而变错误为正确，变

不可行为可行。实际上，变换就是通常所说的点子、窍门和办法，这需要充分发挥人们的发散思维，才能找到合适的变换方式。

1. 发散规则

发散规则是基于发散思维建立的基本变换推理规则。本书规定"$A \dashv B$"表示"由 A 可以发散出 B"。给定对象 $A((U(t),S(t),\vec{p},T(t),L(t)),x(t) = f(u(t),G(t)))$，建立如下发散规则：

(1) $A \dashv \{A_i | A_i = ((U_i(t),S(t),\vec{p},T(t),L(t)),x_i(t)), i = 1,2,\cdots,n\}$

(2) $A \dashv \{A_i | A_i = ((U(t_i),S(t_i),\vec{p},T(t_i),L(t_i)),x(t_i)), i = 1,2,\cdots,n\}$

(3) $A \dashv \{A_i | A_i = ((U(t),S(t),\vec{p}_i,T(t),L(t)),x_i(t)), i = 1,2,\cdots,n\}$

(4) $A \dashv \{A_i | A_i = ((U(t),S_i(t),\vec{p},T(t),L_i(t)),x_i(t)), i = 1,2,\cdots,n\}$

(5) $A \dashv \{A_i | A_i = ((U(t),S(t),\vec{p},T_i(t),L_i(t)),x_i(t)), i = 1,2,\cdots,n\}$

(6) $A \dashv \{A_i | A_i = ((U(t),S(t),\vec{p},T(t),L_i(t)),x_i(t)), i = 1,2,\cdots,n\}$

上述6种发散规则的前3种通过变换论域、时间和空间来改变判别错误的规则，从而实现错误值的改变；后3种变换通过变换事物、特征和量值来间接或直接影响量值，进而实现错误值的改变。在实际应用中，也可以将上述6种发散规则通过积、或、逆的方式进行组合变换。

2. 蕴含规则

蕴含规则是通过对象之间的蕴含关系推理出对象是否存在错误。本书规定"$A \vDash B$"表示"由 A 可以推导出 B"。给定对象 A，B 和 C，建立如下蕴含规则：

若 $A \Rightarrow B$，则 $(x_B > 0) \vDash (x_A > 0)$

若 $(A \wedge B) \Rightarrow C$，则 $(x_C > 0) \vDash (x_A > 0) \wedge (x_B > 0)$

若 $(A \vee B) \Rightarrow C$，则 $(x_C > 0) \vDash (x_A > 0) \vee (x_B > 0)$

若 $A \Rightarrow (B \vee C)$，则 $(x_B > 0) \vee (x_C > 0) \vDash (x_A > 0)$

若 $A \Rightarrow (B \wedge C)$，则 $(x_B > 0) \wedge (x_C > 0) \vDash (x_A > 0)$

3. 传导规则

由于事物之间存在各种关系，对某一对象的变换往往会引起其他相关对象的变换，从而构成传导变换。传导推理的前件为发散规则产生的基本变换，后件为前件所引起的传导变换。若给定对象 A 和 B，且 $B = f(A)$，则存在传导规则 $(T_R(A) = A') \vDash (T_R(B) = B' = f(A'))$。因此，有的传导变换也可以达到化错误为正确的效果。现实中很多奇思妙计都是利用传导规则产生的。采取传导变换消错的时机应遵循如下原则：

(1) 当直接变换不能消除错误时，可利用传导变换消错；

(2) 在某些情况下，直接变换虽然可以消除错误，但变换的时机或效果不合适，或者代价太大，这时可使用传导变换，若传导变换的效果更好或代价更小，则以传导变换作为消错手段；

（3）传导变换也可能在使某对象从错误转化为正确的同时，对其他对象产生新的传导变换，导致其他新的错误产生，这时，就必须采取新的变换，以解决新的错误。

7.2.3 消错策略的生成与选优

一般情况下，每种组织错误的消错策略往往不止一种。因此，生成多种消错策略并从中选优，对于科学有效地消错是非常重要的。然而，目前对于复杂问题的决策分析和处理过程，大多数研究的是对若干既定策略的评价和选优，而这些策略是如何生成的，却难以考究。因此，本书将基本变换作为生成消错策略的基本技术工具，通过对组织错误对象进行结构化描述，借助于一定的推理规则，利用六种基本变换和变换的三种组合方式，生成多种消错策略，然后基于一定的优度评价规则，选择出最终让人满意的消错方案。

1. 消错策略生成系统的概念模型

组织错误消错策略的生成需要从定性的角度去探讨事物拓展的可能性，以提出多种拓展的策略，但同时又需要存储量大、计算速度快的处理，以增强策略生成的科学性。因此，消错策略生成系统的建立需要把定量计算和定性分析结合起来。具体过程包括：首先，对具体的组织错误进行结构化描述，建立消错对象库；然后，根据发散规则、蕴含规则、传导规则，建立基于基本变换的推理规则库，并根据菱形思维方法和规则库中的规则生成消除组织错误的多种策略；接着，基于企业的实际条件限制，筛选出基本满足限制条件的策略，称之为合格策略；最后用满意度评价方法得出合格策略的满意度，提供给决策者以辅助决策，最终得出满意的消错策略。该系统的框架结构如图7-1所示。

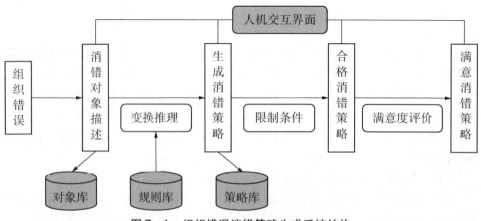

图7-1　组织错误消错策略生成系统结构

2. 消错策略评价与择优步骤

对策略库中的策略进行评价选优的一般步骤如下：

（1）根据专家意见和问题的实际情况，确定评价策略优劣的衡量条件：M_1，M_2，$\cdots$，M_n，并将衡量条件划分为非满足不可条件和其他条件，其中非满足不可条件属于刚性条件，不可弥补，其他条件可以彼此弥补。

（2）用非满足不可的条件对各备选策略进行初选，设筛选出的合格策略为

$$s_j(j = 1,2,\cdots,m)。$$

（3）计算各合格策略 s_j 关于其他条件的值：

$$M_i(s_j)(i = 1,2,\cdots,n';n' \leq n;j = 1,2,\cdots,m)$$

（4）建立策略 s_j 关于不同条件的错误函数，并计算相应的错误值来表示策略对条件的满足程度，令错误值记为：

$$x_i[M_i(s_j)](i = 1,2,\cdots,n';n' \leq n;j = 1,2,\cdots,m)$$

（5）根据其他条件的重要程度，分别赋予 $[0,1]$ 之间的值 a_1，a_2，$\cdots$，$a_{n'}$（$n' \leq n$）作为权系数，且满足 $\sum_{i=1}^{n'} a_i = 1$，然后计算各合格策略的综合满意度为：

$$c(s_j) = \sum_{i=1}^{n'} a_i x_i (j = 1,2,\cdots,m)$$

（6）根据综合满意度的大小对各策略进行优先排序，并将满足决策者满意度要求的策略作为参考策略提供给企业决策者，为其消错决策提供支持。

7.3　组织错误消错策略应用实例

7.3.1　实例概况

A公司是一家石油化工机械制造企业，近年来随着市场竞争的加剧，该公司为了摆脱困境，确立了国内领先、国际先进的技术创新战略，并投入了大量的人力和物力，开展了一系列技术创新工作，但结果并不理想，每年的新产品立项数呈下降趋势，产品创新成功率也逐年下降。A公司产品创新具体情况见表7-1。

表 7-1 A 公司 2010—2014 年产品创新情况

指标	2010 年	2011 年	2012 年	2013 年	2014 年
产品创新立项	20	22	15	15	17
上年结转立项	5	11	0	2	9
当年立项	15	11	15	13	8
产品创新成功数	4	3	2	1	1
产品创新成功率	20%	13.6%	13.3%	6.7%	5.9%

注:"上年结转立项"表示在上年度未完成,在本年度继续作为新产品项目;"产品创新成功"表示新产品形成规模产值和利润。

A 公司下设 2 个技术研究中心,包括企业技术中心和工程技术研究中心,中心主任由总工程师兼任。为了加强对新产品开发工作的指导,公司还专门成立了新产品研发办公室并归总工程师领导,办公室主任由化工机械设计研究院中的一位所长兼任。新产品研发办公室负责组织和筛选新产品构思,协调新产品的开发工作。

A 公司的科研部门包括化工机械设计研究院、泵阀分厂技术部和齿轮分厂技术部,其中化工机械设计研究院又下设 6 个专业研究所,科研人员将近 150 人。

A 公司的产品创新立项流程包括 6 个环节,具体如图 7-2 所示。

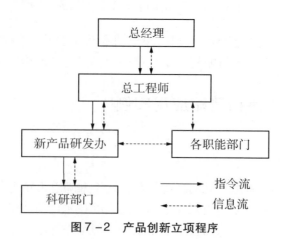

图 7-2 产品创新立项程序

(1) 各科研部门向新产品研发办公室上报项目建议书;
(2) 研发办上报总工程师,初步筛选新产品项目,并将初选结果下达科研部门；

（3）各科研部门接到研发办的通知后，开始编制初选项目的可行性报告并在规定时间内上报研发办；

（4）研发办组织总工程师及科研、生产、销售、采购、质量、财务等部门专家召开评审会议，对各科研部门上报的可行性报告进行集中统一会审，做出最终筛选，并将终选结果下达科研部门；

（5）科研部门接到通知后，组织人员编制立项报告，并经过科研部门和各经营部门主管批准后提交总工程师、总工程师签字确认后上报总经理；

（6）总经理审批通过后，研发办直接向具体科研部门下达指令，开始实施项目。

7.3.2 组织错误分析

根据企业技术创新组织错误分类体系，通过对 A 公司技术创新管理的内部因素进行调查和分析，认为产品创新成功率逐年下降的原因主要体现在如下几个方面：

1. 技术创新决策系统失效

A 公司技术创新决策系统失效主要体现在决策支持信息不够充分和决策流程不太合理两个方面。

（1）决策支持系统提供的信息不充分。首先，缺乏技术创新信息。公司没有职能部门提供市场信息或环境分析报告，这造成可行性研究报告内容不充分、不深入，甚至有片面的主观猜测在里面；其次，公司缺少有组织、有目的、有计划的新产品市场调研，无法搜集到反映市场总体客观情况的信息资料，难以得出客观可靠、系统全面的调查结果；最后，由科研人员编制的项目可行性研究报告中，技术分析部分往往长篇大论、晦涩难懂，而市场分析和财务分析部分却是寥寥数语，而且在内容上缺乏分析依据和数据支持。

（2）决策核心系统的决策程序不合理。一方面，新产品研发办在对各科研部门提交的项目可行性报告评审之前，没有组织相关专家对预评审项目进行调查研究；另一方面，在评审过程中，研发办一般组织各部门专家对多个项目的可行性报告进行统一会审，时间限定在 4 小时之内。因此，专家们在事前不了解项目具体情况的前提下，在评审会议给定的有限时间内，只能靠各自掌握的信息、专业技能和经验发表意见。这样的决策机制很难对项目未来的不可预知风险进行科学充分的估量。

2. 技术创新资源系统失效

A 公司技术创新资源系统失效主要体现在创新资金不够充足、信息资源缺乏，以及 IT 资源利用不充分三个方面。

（1）创新资金来源不足，配置不合理。在创新资金获取方面，A 公司创新资金的主要来源是通过企业内部筹资。公司 80% 以上的创新经费来自企业内部筹资，其他如银行贷款、政府资金、合作伙伴资金、资本市场资金合计不到 20%。A 公司作为比较大的石油化工设备制造企业，虽不至于亏损，但是基本保持微利，从而致使其每年计提的创新资金总额不够充足。在创新资金配置方面，注重短平快项目，公司倾向于改进型新产品（以完善现有技术、拓展产品用途为目的的开发研究）的投入，基础研究资金不到创新资金的 10%，从而造成自主创新能力不足。

（2）信息资源零散，缺乏可靠的获取渠道。在信息资源获取方面，一方面，A 公司的市场信息主要由销售部门的营销人员通过个人销售技巧、客户网络来采集，技术信息依靠研发人员的个人兴趣与研究方向来零散地收集，缺乏系统性；另一方面，A 公司与目标市场行业协会、专业杂志、专业信息服务中心的交流较少，获得的市场信息、行业信息、专业信息不够及时、全面和准确。此外，没有充分利用外部信息资源，如检索专利，缺乏对世界各国以及企业的科技发展最新水平、高新技术发展趋势及潜在市场发展动态的了解，导致盲目选择技术创新方向和途径，从而使一些项目缺乏潜力，不符合市场需求，甚至被迫中止。

（3）IT 硬件资源冗余，软件资源不足。在 IT 资源利用方面，A 公司的科研部门有服务器 8 台、小型机 1 台、计算机 300 多台，各主要职能部门拥有计算机 150 多台。每个职能部门都有几台电脑可以通过 ADSL 方式上互联网。但公司没有建立企业级内部网络，各个职能部门只在部门内建立局域网，使信息交换很不方便。另外，公司在计算机硬件投入资金超 1000 万元，但是在软件方面投资少之又少，各局域网没有安装任何 MIS 系统，就连最简单的 OA 系统都没有购买，大笔资金购买的计算机根本没有得到有效利用。

3. 技术创新组织系统失效

A 公司技术创新组织系统失效主要体现为技术创新组织不明确，专业分工混乱，职责不清。

在技术创新组织方面，A 公司侧重于技术活动链的前端，即研究开发部门的设置，对研发活动的商业应用未给予足够的重视。首先，公司设置的新产品研发办公室的职责主要针对科研部门，总工程师作为新产品研发办的主管，职责上只是技术部门负责人，在技术创新活动中只能起到协调作用，并不能对技术创新的全过程进行管理。显然，公司没有设置明确的技术创新管理岗位，当然就没有明确的技术创新领导，职责不清晰导致技术创新工作混乱；其次，没有设置信息管理专职部门,各职能部门特别是营销部门、研发部门也没有各自的信息管理岗位。A公司获取外部信息是职能部门各自为战,这就形成了各个部门都有自己的一套数据来源,又由于没有统一的收集数据的标准,报到决策层的信息各不一样,决策层难以决策。

4. 技术创新规则系统失效

A公司技术创新规则系统失效主要体现在创新资金的使用制度上和员工的激励制度上。

(1) 缺乏严格的资金使用制度。在创新资金使用方面,公司虽然每年都有创新资金计划,但没有明确的使用制度。当公司在其他方面资金短缺时,经常发生因为救急而挪用创新资金的事情,从而导致创新活动延迟甚至中断。

(2) 员工激励制度不公平。在员工激励方面,A公司规定:营销人员采取提成制,营销部门可以拿到合同款的2%~3%的订货奖金,具体签订合同人员可以拿到合同款的0.5%~0.75%的订货奖金,且上不封顶,下不保底;科研人员采取项目制,按照项目的工作量获取奖金,即干多少天活,画多少张图纸,就拿多少工作量的钱,但总奖金数额不变,按月封顶,下可保底。此外,公司在特殊情况下给予特别奖金,以及评选年度优秀项目奖,这些奖励一般不会超过2万元。显然,A公司的员工激励制度向营销人员倾斜,忽视科研人员,大大降低了科研人员的积极性和主动性。

综上分析,A公司作为技术创新的主体,希望通过成功的技术创新获取期望的利益,但是结果并不理想。究其原因:一是技术创新信息缺乏,企业没有全面准确的信息,将难以决策,无法及时发现和抓住市场机遇;二是技术创新组织不明确,企业没有严密的组织,就没有有效的管理,创新工作就会变成一盘散沙,无计划进行;三是技术创新资金不足,企业没有足够的创新资金作为保障,技术创新只能局限在低水平层次,甚至难以保证持续进行;四是技术创新机制不完善,企业没有有效的技术创新机制,技术创新人员的主观能动性就很难激发,从而带来的是创新效率低下,效果不佳。显然,决策没有依据、组织没有管理,资源配置不合理、人员积极性不强,必然导致技术创新可持续性不强,发展后劲不足。

7.3.3 组织错误消错策略

1. A公司技术创新组织错误状态描述

基于上述对A公司技术创新组织错误的分析,采取错误逻辑变量对各组织错误的状态进行结构化描述。

(1) 决策系统组织错误状态。A公司决策系统失效模式主要表现为五个方面：

DZ_1（（决策支持系统，决策支持信息，A 公司，创新环境分析报告，没有相关部门提供），$x_{d1}>0$）；

DZ_2（（决策支持系统，决策支持信息，A 公司，新产品市场调研报告，市场调研无目的、无计划执行），$x_{d2}>0$）；

DZ_3（（决策支持系统，决策支持信息，A 公司，项目可行性研究报告，市场分析和财务分析不充分），$x_{d3}>0$）；

DH_1（（决策核心系统，决策程序，A 公司，可行性报告评审流程，未组织专家事前调查研究），$x_{d4}>0$）；

DH_2（（决策核心系统，决策程序，A 公司，可行性报告评审时间，集中会审且时间太短），$x_{d5}>0$）；

（2）资源系统组织错误状态。A 公司资源系统失效模式主要表现为六个方面：

RH_1（（资源获取，创新资金，A 公司，筹集方式，筹集方式过于单一），$x_{r1}>0$）；

RH_2（（资源获取，信息资源，A 公司，信息收集方式，缺乏系统性），$x_{r2}>0$）；

RH_3（（资源获取，信息资源，A 公司，信息获取渠道，缺乏与外部信息提供机构的交流与合作），$x_{r3}>0$）；

RH_4（（资源获取，信息资源，A 公司，专利检索，缺少专利检索），$x_{r4}>0$）；

RP_1（（资源配置，创新资金，A 公司，配置结构，过度倾向于短平快项目），$x_{r5}>0$）；

RP_2（（资源配置，IT 资源，A 公司，计算机硬件，没有充分利用），$x_{r6}>0$）；

（3）组织系统组织错误状态。A 公司组织系统失效模式表现为两个方面：

ZJ_1（（组织结构，新产品研发办公室，A 公司，管理职能，不充分），$x_{z1}>0$）；

ZJ_2（（组织结构，信息管理部门，A 公司，专业性，没有专职的信息管理部门或岗位），$x_{z2}>0$）；

（4）规则系统组织错误状态。A 公司规则系统失效模式主要表现为两个方面：

GZ_1（（创新制度，创新资金使用制度，A 公司，明确性，存在创新资金随意挪用现象），$x_{g1}>0$）；

GZ_2((创新制度,员工激励制度,A 公司,激励性,营销人员和科研人员激励不公平),$x_{g2}>0$);

2. A 公司技术创新组织错误因素变换

依据基本变换的推理规则,对上述组织错误因素进行相应变换,从而实现期望状态,达到消错目的。

(1) 决策系统组织错误状态变换。对 A 公司决策系统的失效因素进行如下变换:

DZ_1((决策支持系统,决策支持信息,A 公司,创新环境分析报告,增加专职信息收集岗位或部门),$x_{d1} \leqslant 0$);

DZ_2((决策支持系统,决策支持信息,A 公司,新产品市场调研报告,实施日常调研和专项市场调研相结合),$x_{d2} \leqslant 0$);

DZ_3((决策支持系统,决策支持信息,A 公司,项目可行性研究报告,研发团队增加市场人员和财务人员),$x_{d3} \leqslant 0$);

DH_1((决策核心系统,决策程序,A 公司,可行性报告评审流程,建立专门的项目可行性评审部门优化流程),$x_{d4} \leqslant 0$);

DH_2((决策核心系统,决策程序,A 公司,可行性报告评审时间,建立专门的项目可行性评审部门优化流程),$x_{d5} \leqslant 0$);

(2) 资源系统组织错误状态变换。对 A 公司资源系统的失效因素进行如下变换:

RH_1((资源获取,创新资金,A 公司,筹集方式,尽可能增加资金筹措方式),$x_{r1} \leqslant 0$);

RH_2((资源获取,信息资源,A 公司,信息收集方式,增加信息管理岗位以实现信息收集的系统化和规范化),$x_{r2} \leqslant 0$);

RH_3((资源获取,信息资源,A 公司,信息获取渠道,建立与外部信息提供机构的良好合作关系),$x_{r3} \leqslant 0$);

RH_4((资源获取,信息资源,A 公司,专利检索,定期进行行业专利检索),$x_{r4} \leqslant 0$);

RP_1((资源配置,创新资金,A 公司,配置结构,对公司长期发展有利的项目给予足够的支持),$x_{r5} \leqslant 0$);

RP_2((资源配置,IT 资源,A 公司,计算机硬件,建立企业级内部局域网以充分发挥硬件的作用),$x_{r6} \leqslant 0$);

(3) 组织系统组织错误状态变换。对 A 公司组织系统的失效因素进行如下变换:

ZJ_1((组织结构,新产品研发办公室,A 公司,管理职能,成立技术创新委员会代替新产品研发办公室并赋予其相应的管理职能），$x_{z1} \leq 0$）；

ZJ_2（（组织结构，信息管理部门，A公司，专业性，设置专门的信息管理部门或岗位），$x_{z2} \leq 0$）；

（4）规则系统组织错误状态变换。对A公司规则系统的失效因素进行如下变换：

GZ_1（（创新制度，创新资金使用制度，A公司，明确性，建立专款专用制度），$x_{g1} \leq 0$）；

GZ_2（（创新制度，员工激励制度，A公司，激励性，全面改革激励机制），$x_{g2} \leq 0$）。

3. A公司技术创新组织组织错误消错策略

对上述组织错误因素进行基本变换并不是相互独立的，其中一个因素的变换一般都会导致另一个或几个因素的变换。因此，通过基本变换实现企业技术创新组织错误的消错，需要全盘考虑各方面的因素，形成系统的变换体系。基于上述对A公司的组织错误分析和基本变换思路，下面从四个方面提出组织错误消错策略的建议。

（1）建立企业级信息数据库，整合创新信息管理。针对创新信息内容不足、信息收集渠道不系统，以及IT资源利用不充分等问题，可以扩大信息收集范围，拓展信息收集渠道，建立企业级信息数据库，从而整合创新信息管理。

在信息内容方面，企业技术创新所需要的信息主要包括宏观环境信息、行业环境信息、行业产品技术、市场需求信息和竞争对手信息等外部信息，以及企业内部的财务信息、技术水平、生产工艺等，可以按信息模块建立信息数据库。

在信息渠道方面，可以内外结合，扩大信息来源。一是训练和鼓励公司的销售、服务人员甚至是全体员工搜集最新的情报，建立企业内部信息共享系统。为了调动员工收集创新信息的积极性，可以将信息收集纳入专业信息员的绩效考核范围，同时对其他人员收集的信息根据采纳率进行一定的奖励。二是向专业信息咨询公司购买行业发展报告，或搜集各种商业情报。三是从企业的供应商、经销商、用户那里获取反馈信息。四是与对口的科研机构、高等院校、行业协会、专业杂志等建立良好的合作关系，形成长效机制，从他们那里获得有价值的外部情报。

在信息管理方面，由技术中心负责建设企业信息数据库，并对信息数据加以组织、处理和分析，并提供多种检索途径作为查找所需信息的索引，使管理人员迅速地找到其需要的信息。

首先，各职能部门设置专业信息管理岗位，由专业人员采取日常信息收集和专项调研信息收集相结合的方式对信息进行分类、校验、录入和处理，并统一发送至技术中心以实现信息共享。如宏观环境、行业环境、市场需求等信息由营销部门负责，技术信息由科研部门负责，资金筹集政策由财务部门负责等。

其次，技术中心根据信息类别进行系统化、规范化、动态化的统一分析。如技术信息、公司内部信息每季度进行一次统计；市场信息每月进行一次统计分析等。

再次，数据库的所有资料实行建档分级管理。对于公众信息，要及时公布或在企业内部网上发布；对于经过分析处理后的市场信息、财务信息、科研成果、研究课题信息或资料需经过技术中心主管批准后才能查阅或借阅。

最后，各职能部门的信息专员和技术中心要内外联动，与外界合作方定期进行信息交流，及时更新数据库信息，并进行统计分析，生成各种报表。

（2）多方筹措、合理配置资金，缓解创新资金不足的压力。在创新资金筹措方面，A公司应在每年提取自有创新资金的同时，尽可能开拓外部筹资渠道。如根据当地政府对自主创新、高新技术产品、支柱产业的财政支持政策，在不偏离自身经营战略的前提下，尽可能向政府申请技术创新专项资金；充分利用政府对高新技术企业和创业投资企业的税收优惠政策，包括研究开发费加计扣除、研发设备、职工教育经费、购入软件的折旧摊销政策等。此外，还可以根据当地政府的金融扶持政策，向银行提出信用担保和科技贷款等专项贷款申请，从而获得资金上的支持。这样，积极开拓多方筹资渠道，能够缓解自有资金不足的压力。在创新资金使用方面，A公司每年应按照资金规划立项来保证资金供给，不要分散，实行"集中优势兵力各个歼灭"的战略。对那些长期的、利润高、市场大的原创性产品，一定要保证资金的供给，不能节省，实在没有办法可以采取合作方式来保证资金供给。

（3）转变技术创新观念，优化技术创新组织结构。企业技术创新过程的顺利实施，必须要处理好分工与协作的关系、处理好集权与分权的关系、处理好常规组织与非常规组织的关系。A公司首先应该由新产品开发观念转变到技术创新上，不仅注重新产品的研发，还应该注重新产品的商业化应用，需要综合考虑自身的实际情况，设立两个常规技术创新管理职能部门，另外根据任务的需要临时设立技术创新项目组。可以参照图7-3所示的技术创新组织结构设置具体的岗位和对应的职责。

总经理在企业总体战略的指引下负责技术创新战略的制定。

技术创新委员会由各职能部门主管组成（包括技术主管、生产主管、营

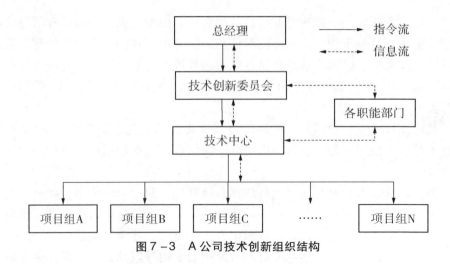

图7-3 A公司技术创新组织结构

销主管、财务主管、人事主管等），负责技术创新项目的审核与监督，统一协调公司的技术创新工作，这不仅有利于实现技术创新工作的统筹规划，也能将技术创新工作放在企业总体发展规划下来安排，使新产品的开发更具有全局意义。

技术中心主任由公司副总以上的高层领导担任，负责处理企业开展技术创新活动的日常事务，以及规划和组织各创新项目的实施。中心主任直接对总经理负责，需要定期向其汇报工作开展情况。此外，中心主任同时担任技术创新委员会秘书，可以召集各职能部门的相关人员召开项目评审会或工作协调会等。

技术创新项目组是在技术中心的直接领导下，根据创新任务的需要，设立专业的技术创新项目实施小组，可以从其他部门抽取技术和业务骨干，集中各方面的力量进行攻关，以完成某一具体创新项目。一旦项目结束，团队成员就可以解散，或回归原来的岗位，或进入其他项目小组。这种任务型项目组的优点在于目标明确，并能调动各方面的力量集中攻关，是进行新产品开发的良好组织形式。

（4）完善技术创新制度，规范技术创新运行规则。针对组织错误中关于创新资金使用制度和员工激励制度不合理的问题，可以对制度进行改革，用更合理的制度代替原来的制度。

在资金管理制度上，公司总体项目投资计划应由总经理批准后，在财务部建立独立的资金使用账户，由财务部进行监控管理，不得擅自挪用。对于计划内资金，年度新产品开发资金使用计划按开发项目进行独立结算，由各项目组组长审核，技术中心主任审批即可。只有出现例外情况，譬如，因资金短缺而不能保证新产品开发项目正常开展时,要由总经理审核批准,方可改变新产品开发资金的使用计划,否则,所有责任由当事人承担。同时,应设置"项目组长—技术中心主任—总经理"三级资金审批权限,确保每笔资金的规范使用。

在员工激励制度上,由于研发人员具有极强的自主性、创造性、流动意愿强的特点,因此,企业对技术创新型人才的激励,应注重技术创新型人才的专业特长,尊重其个性发展和自主诉求,采取物质奖励和精神激励相结合,激发技术创新型人才的积极性、主动性和创造性。根据马斯洛需求层次理论,本书提出激励技术创新研发人员的措施见表7-2。

表7-2 技术创新研发人员激励措施

方案		激励措施
物质奖励	基本工资+项目奖金	基本工资由工作量确定,奖金与项目业绩挂钩。如果技术创新项目商业化成功,则按新开发产品销售额的一定比例作为奖金,可按订单次数1~10次不等或按年提取奖金1~3年不等(按项目的难易程度和市场价值来区分);项目组成员个人奖金按参与项目的贡献大小进行公平分配
	年薪制	对技术中心主任、研发项目组负责人、外聘专家或有突出贡献的专家采取年薪制,年薪设计按不同级别和贡献大小而定
	股权、专利权奖励	对技术创新有突出贡献的业务骨干或技术管理专家,允许其按一定的优惠价购买公司股权或给予一定的专利知识产权
	其他	各类津贴(如房补、车补、电话补贴等)
精神激励	荣誉奖励	评选年度技术创新优秀贡献者、优秀技术创新管理者等荣誉,公开表彰,并颁发荣誉证书,给予一定的物质奖励,作为以后职务晋升的依据
	学习激励	将有潜力的、能够潜心做研究的研发人员送到高等院校或研究机构去进修、参加行业专题研讨会,或到国外相关机构考察等,以提升其研发能力
	课题研究	对有进取心、有发展潜力、有敬业精神和勇于承担责任的科研人员,让他们独立承担研究课题,给予更多的锻炼机会
	职务晋升	对有技术创新管理能力的人或有独立承担研究课题的专家,在职位上给予晋升,为各类人才提供更好的职业发展空间
	外出度假	项目组负责人和业务骨干每完成一个项目可每年享受一次外出度假待遇

7.4 本章小结

本章首先介绍了基本变换的逻辑命题、对象和原则，然后通过错误逻辑变量对组织因素的状态进行结构化描述，基于变换的思维提出了基本变换的推理规则，包括发散规则、蕴含规则和传导规则，在此基础上构建了组织错误消错策略生成系统的概念模型，并进行了相应的实例分析和应用。

结论与展望

在竞争日益激烈的市场环境下,企业开展技术创新势在必行,但技术创新活动归根到底要靠人来管理和执行,人因错误在所难免。人因错误实际上是创新个体在受到情境状态和组织管理因素的影响下,通过自身因素的触发而产生的。因此,企业技术创新系统中的组织错误是造成人因错误的根源,仅凭对人因错误的表面消除,难以提出有效的预防对策,需要追溯造成人因错误背后的组织错误,只有从源头上消除错误,方可防患于未然。本书虽然在企业技术创新错误系统分析和消错方面得出一些有益的结论,但由于篇幅有限,本书的研究成果并不意味着结束,相反,需要在此基础上从更广泛的视角和更深入的层次展开进一步的探讨和研究。

1. 结论

本书通过对企业技术创新错误系统的全方位分析和诊断,探索隐藏在人因错误背后的组织错误根源,并借助于消错理论研究了组织错误消错策略的生成系统及其应用。现将本书的研究成果总结如下:

(1) 提出了企业技术创新系统的全方位分析框架。该部分首先将企业技术创新抽象为一个对象系统,即

$$(\{W_i\}, T(t_1, t_2), J, GN, R),$$

其中,$\{W_i\}$ 是问题集,指需要通过技术创新解决的问题集合;$T(t_1, t_2)$ 是 $\{W_i\}$ 的条件构成的集合,t_1 表示不可控条件,t_2 表示可控条件;J 是 $\{W_i\}$ 的结论集,表示根据条件所得出的全部结论;GN 是 $\{W_i\}$ 的功能集,包括固有功能 GY 和目的功能 MG,其中固有功能表示在正常情况下,由全部条件得出的全部结论对社会所起作用的总体;目的功能表示为实现目的而必须的功能集合;R 是对 $\{W_i\}$ 中需要研究的所有关系构成的集合,即企业技术创新系统的管理体系;然后就对象系统中每一子系统所涵盖的分析范围进行了详细说明和界定,从而建立了企业技术创新系统的全方位分析范式,其中条件子系统包括外部条件和内部条件,结论子系统分为创新项目选择与决策、技术开发与样品试制、产品中试与批量生产和市场开拓与产品销售四个阶段的结论,功能子系统涉及经济价值、技术价值和社会价值功能,关系子系统涵盖了决策、资源、组织和规则四个系统。

(2) 构建了企业技术创新错误系统的判别规则体系。该部分从系统目的

功能实现的角度,即投入产出的过程来构建企业技术创新错误系统的判别规则,包括系统输入、系统输出、系统效率和系统风险四个方面,旨在从系统层面判断企业技术创新系统是否存在错误。在系统输入方面,明确了系统输入的要素包括人力资源、物质资源、财力资源、技术资源和信息资源等,通过分析外部的客观条件限制和企业自身的技术创新能力来建立判别规则;在系统输出方面,明确了系统的输出形式包括新技术、新产品或新工艺、废弃物三种形式,通过引入伦理原则,对利益相关者的需求分析来提取判别规则;在系统效率方面,在利用 DEA 分析方法定量计算系统相对效率的基础上,通过建立决策者满意度函数来设置判别规则;在系统风险方面,通过计算企业技术创新系统的最佳风险度和临界风险度,认为正确的技术创新投资决策准则是项目风险度应处于包括最佳风险度在内的企业风险容忍区间之内。

(3) 实现了企业技术创新错误系统人因错误的科学诊断。该部分首先考虑到企业技术创新系统的复杂性,基于"分解-整合"的思想,借助于图论和一般系统结构理论,定义了系统的基本结构,并可以通过基本结构系统的组合而形成整体系统;其次,基于人的认知过程,分析企业技术创新系统人因错误的形成机理,揭示出人因错误的表现形式,包括潜在型人误模式和显现型人误模式,并在此基础上,通过分析错误传递的关键要素,包括错误源、错误流和错误载体,进一步研究了人因错误的传递规律,建立了错误进化、错误集聚和错误繁殖三种基本传递模型;再次,以企业技术创新错误系统为对象,依据一般系统结构理论,将企业技术创新系统结构抽象为有向图模型,在有向图上通过逆向逻辑推理,设计了一套具有操作性和实用性的人因错误诊断算法;最后,以消错学的错误函数和运筹学的线性规划为工具,建立人因错误综合评价模型和消错决策优化模型,为进一步实施人因错误的消错处理提供依据。

(4) 研究了企业技术创新系统组织错误的识别方法。该部分首先基于企业技术创新系统运行的基本元素和控制过程的分析,提出了组织错误的分类体系,包括整体层、系统层、指标层和模式层 4 个层次,从而将影响企业技术创新系统有效运行的组织管理失效因子划分为 4 个大类 11 个评价指标,并通过分析组织错误的具体表现模式,给出了相应的组织错误模式判别规则;然后通过分析组织错误对人因错误的作用机制,提出了组织定向的人因错误致错路径,并在此基础上,应用模糊贝叶斯网络建立了组织定向的人因错误因果模型;最后,借助于根原因分析技术,从人因事件的表征出发,通过深入调查和分析技术创新人因错误事件,绘制 E&CF 图和屏障分析图,对人因错误事件进行追本溯源,探索隐藏在其背后的潜在组织错误。

(5) 设计了企业技术创新系统组织错误消错策略的生成系统。该部分基于消错学的基本变换理论,包括相似变换、置换变换、分解变换、增加变换、毁灭变换、单位变换及其组合变换,利用错误逻辑变量对组织错误消错对象的状态进行结构化描述,然后借助于一定的基本变换推理规则,利用六种基本变换和变换的三种组合方式,探讨企业技术创新组织错误消错策略的生成过程,并基于一定的优度评价规则,对生成的多种消错策略进行优先排序,从而为消错者提供决策支持,这有助于促进企业不断消除技术创新系统中的组织错误,使企业技术创新管理体系逐步走向规范和科学。

2. 展望

消错学的提出虽然近30年,其学科理论框架也基本建立完整,但整个理论体系的应用还处于探索与发展阶段。本书借助消错理论,将组织错误理论拓展到企业技术创新领域,开拓了技术创新的研究视野,丰富了技术创新的研究内容,具有一定的应用价值。本书的研究成果只是消错理论在技术创新应用中的起点,起一个抛砖引玉的作用,未来还可以在本书的基础上从以下四个方面进一步拓展:一是本书研究的对象局限于企业技术创新过程中人为的非故意错误,如无意改变规则、论域或对象,但由于各种因素的影响而导致了个体的认知失效,最终使其发生了改变。对于人为的故意错误还没有涉猎,但现实中这样的错误也是客观存在的,需要以后进一步探究。二是企业技术创新错误数据库的建设,通过一定的数据积累,能够为进一步的错误数据挖掘奠定基础。刘世勇和郭开仲[161]也曾提到,建立错误案例数据库和进行错误数据挖掘是错误理论未来研究的趋势。三是组织错误消错策略生成系统的计算机实现,将人的定性分析和计算机的快速计算能力相结合,能够真正为企业技术创新的动态管理和控制提供决策支持。四是区域技术创新系统的健康评价与诊断,将消错理论的应用进一步深入到区域技术创新领域,可以为政府进行区域技术创新调控提供决策依据。

参考文献

[1] 李凤新,李硕.2012年中国发明专利申请受理和授权年度报告[J].科学观察,2014,9(2):63-73.

[2] BOOZ, ALLEN, HAMILTON. New Product Management for the 1980s[M]. 3rd ed. New York:Booz, Allen Hamilton Inc:1982.

[3] PRITCHARD. Risk Management[M]. Virginia:ESI International,1999.

[4] 方炜.企业新产品研发项目关键成功因素研究[D].西安:西北工业大学,2006.

[5] 赵晶媛.企业技术创新管理[M].北京:机械工业出版社,2010:33.

[6] REASON. Human Error[M]. Cambridge:Cambridge University Press,1990.

[7] 郭开仲,张式强.消错学引论[M].广州:华南理工大学出版社,1995.

[8] 吴宗臻,贺仲雄.中国首创五大新兴智能基础学科的交叉应用与展望[J].通讯和计算机,2007,4(4):36-40.

[9] 郭开仲,张式强.固定资产投资决策错误的理论与方法[M].广州:华南理工大学出版社,1995.

[10] 江成城.组织沟通中错误传递的研究[D].广州:广东工业大学,2003.

[11] 刘红兵,郭开仲.基于模糊错误逻辑的投资结构优化研究[J].模糊系统与数学,2008,22(5):32-36.

[12] 刘红兵.模糊错误逻辑研究及其在防范证券投资风险中的应用[D].广州:广东工业大学,2000.

[13] 林洁鹏,郭开仲.企业危机管理中的消错模型研究[J].企业家天地(理论版),2008(1):85-88.

[14] 刘政煌,郭开仲,等.软件项目管理消错模型的研究[J].计算机与现代化,2011(10):43-47.

[15] 熊彼特.经济发展理论[M].何畏,易家详,译.新疆:伊犁人民出版社,2004.

[16] 李晓峰.企业技术创新风险测度与风险决策研究[M].成都:四川大学出版社,2011.

[17] 江兵. 企业技术创新系统运行机制与评价研究 [D]. 合肥：合肥工业大学，2006.

[18] 许庆瑞. 技术创新管理 [M]. 杭州：浙江大学出版社，1990.

[19] 傅家骥. 技术创新学 [M]. 北京：清华大学出版社，2003.

[20] 汪应洛. 技术创新：概念，机制与政策讨论——技术创新机制与政策研讨会发言摘要 [J]. 中国科技论坛，1988（12）：15-22.

[21] 董中保. 关于技术创新概念的辨析 [J]. 科学管理研究，1993（8）：21-29.

[22] BRAUN, WIELD. Regulation as a Means for the Social Control of Technology [J]. Technology Analysis and Strategic Management, 1994, 6 (3): 259-272.

[23] 叶薇. 中国绿色技术现状及成因分析 [J]. 科技进步与对策，2002（8）：31-32.

[24] 李平. 论绿色技术创新主体系统 [J]. 科学学研究，2005，23（3）：414-418.

[25] FREEMAN. Technology Policy and Economic Performance: Lessons from Japan [M]. London: Frances Pinter, 1987.

[26] 陈劲. 技术创新的系统观与系统框架 [J]. 管理科学学报，1999，2（3）：66-73.

[27] LAZZAROTTI, MANZINI, MARI. A Model for R&D Performance Measurement [J]. International Journal of Production Economics, 2011, 134 (1): 212-223.

[28] 熊小龙. 企业技术创新系统的要素构成与运行过程分析 [J]. 中国商贸，2013（5）：64-66.

[29] 何郁冰. 企业技术创新的系统观及启示 [J]. 系统科学学报，2008，16（2）：75-80.

[30] 陈波. 企业技术创新系统的概念、边界及有效性分析 [J]. 管理现代化，2013（3）：46-48.

[31] 王亮，陈大雄. 企业技术创新的系统分析 [J]. 系统工程，2003，21（3）：44-46.

[32] 赵耀. 企业技术创新能力评估研究：基于专利滥用的视角 [M]. 长春：吉林大学出版社，2010.

[33] 魏江，许庆瑞. 企业技术创新机制的概念、内容和模式 [J]. 科学学与科学技术管理，1994，15（11）：4-7.

[34] 王国进. 现代企业制度下我国国有企业技术创新机制的特点 [J]. 重庆

工商大学学报（社科版），2003，20（6）：9-12.

[35] 王舜，石巍. 试论企业技术创新机制的优化 [J]. 科学管理研究，2004，22（6）：12-14，28.

[36] 张家骕. 论建立企业技术创新机制 [J]. 南方经济，2001（9）：29-31.

[37] 张力，黄曙东，等. 人因可靠性分析方法 [J]. 中国安全科学学报，2001，11（3）：5-11.

[38] SWAIN, GUTTMANN. Handbook of Human-reliability Analysis with Emphasis on Nuclear Power Plant Applications [R], Snadia National Laboratories, NUREG/CR-1278. Washington. 1983.

[39] LORENZO. A Manager's Guide to Reducing Human error: Improving Human Performance in the Chemical Industry [M]. Washington: Chemical Manufacturers Association Press, 1990.

[40] STRÄTER. Evaluation of Human Reliability on the Basis of operational Experience [D]. Munich: the Munich Technical, 2000.

[41] 张力，王以群，等. 复杂人-机系统中的人因失误 [J]. 中国安全科学学报，1996（12）：35-38.

[42] RASMUSSEN. Mental procedures in real-life tasks: A case study of electronic trouble shooting [J]. Ergonomics, 1974 (17): 293-307.

[43] HOLLNAGEL. Cognitive Reliability and Error Analysis Method [M]. Halden: Elsevier Science Ltd, 1998.

[44] 刘燕子，张力，等. 复杂系统中人误原因因素的层次分析法 [J]. 安全与环境学报，2005，5（5）：39-42.

[45] 王二平. 人误研究的组织定向 [J]. 人类工效学，1999，5（1）：44-47.

[46] REASON. A Systems Approach to Organizational Error [J]. Ergonomics, 1995, 38 (8): 1708-1721.

[47] QVALE. Design for Safety and Productivity in Large Scale Industrial Projects: The Case of the Norwegian Offshore Oil Development [A]. In B. Wilpert, T. U. Quvale (Eds.). Reliability and Safty in Hazardous Work System [M]. Hove: Lawrence Erlbaum Associates, 1993: 195-221.

[48] AMALBERTI. Safety in Flight [A]. In B. Wilpert, T. U. Quvale (Eds.). Reliability and Safty in Hazardous Work System [M]. Hove: Lawrence Erlbaum Associates, 1993: 223-236.

[49] BARAM. Industrial Technology, Chemical Accidents, and Social Control [A]. In B. Wilpert, T. U. Quvale (Eds.). Reliability and Safty in Hazardous Work System [M]. Hove: Lawrence Erlbaum Associates, 1993: 223-236.

[50] WAGENNAR. A Model-based Analysis of Automation Problems [A]. In B. Wilpert, T. U. Quvale (Eds.). Reliability and Safty in Hazardous Work System [M]. Hove: Lawrence Erlbaum Associates, 1993: 243-248.

[51] GRABOWSKI, KARLENE. Human and Organizational Error in Large Scale Systems [C]. Internatlonal Conference on System, Man, and Cybernetics-part A: System and Human, 1996, 26 (1): 2-16.

[52] MARDEN. Procedures in the Nuclear Industry [A]. In N. Stanton, (Eds.). Human Falters in Nuclear [M]. London: Taylor & Francis Group, 1996: 99-116.

[53] FUJITA, HOLLNAGEL. Failures without Errors: Quantification of Context in HRA [J]. Reliability Engineering and System Safety. 2003, 83 (2): 145-151.

[54] 王瑶, 沈祖培. CREAM——第二代人因可靠性分析方法 [J]. 工业工程与管理, 2005 (3): 17-21.

[55] 王瑶, 沈祖培, 等. CREAM追溯法及其在根原因分析中的应用 [J]. 核科学与工程, 2005, 25 (1): 30-34.

[56] 李鹏程. 一种结构化的人误原因分析技术及应用研究 [D]. 衡阳: 南华大学. 2006.

[57] 戴立操, 张力, 等. 复杂工业系统中人因失误根本原因分析 [J]. 中国安全科学学报, 2003, 13 (11): 13-16.

[58] 王二平, 李永娟. 组织错误组织心理学研究的新视点 [J]. 科学决策, 2000 (5), 18-20.

[59] 文清源. 错误论 [M]. 沈阳: 辽宁人民出版社, 1991.07.

[60] 罗帆, 佘廉. 企业组织管理危机的早期诊断及预警管理 [J]. 经济理论与经济管理, 2001 (7): 35-38.

[61] 余晓钟. 决策失误的成因与对策 [J]. 统计与决策, 1996 (8): 20-21.

[62] 乔迪. 兰德诊断: 企业病案与商业诊断 [M]. 成都: 天地出版社, 1998.

[63] 乔迪. 兰德决策: 机遇预测与商业决策 [M]. 成都: 天地出版社, 1998.

[64] 金艳, 王宇, 等. 应用失效模式与效应分析预防手术错误 [J]. 解放军护理杂志, 2008, 25 (8B): 63-65.

[65] 刘明祥. 刑法中错误论 [M]. 北京: 中国检察出版社, 2003.

[66] 郭开仲, 张式强. 错误集论 [M]. 长沙: 中南大学出版社, 2000.

[67] 郭开仲. 错误逻辑 [M]. 北京: 科学出版社, 2008.

[68] 郭开仲. 错误系统 [M]. 北京: 科学出版社, 2012.

[69] 闵惜琳. 错误矩阵方程 [M]. 北京: 科学出版社, 2012.

[70] 石佳, 郭开仲. 错误函数的建立 [J]. 广东工业大学学报, 2010, 27 (3): 16-18.

[71] MIN, GUO. The modeling and solution of knowledge reason for intelligent traffic management systems based on error matrix equation [C]. International Conference on Computer Science and Service System, 2011: 1827-1830.

[72] 闵惜琳, 郭开仲, 等. 二类1错误矩阵方程增优置换变换求解及其在城市交通管理中的应用研究 [J]. 数学的实践与认识, 2012, 42 (11): 99-106.

[73] 郭开仲, 闵惜琳. 消错规划求解研究 [J]. 广东工业大学学报, 2010, 27 (1): 1-7.

[74] 郭开仲, 闵惜琳. 基于包含型错误矩阵方程的消错规划求解研究 [J]. 广东工业大学学报, 2010, 27 (3): 12-15.

[75] 罗鸿君, 杜跃平. 企业技术创新环境的再认识及其意义 [J]. 软科学, 2004, 18 (1): 57-60.

[76] BENAROCH. Option-based management of technology investment risk [J]. IEEE Transactions on Engineering Management, 2001, 48 (4): 428-444.

[77] RUBENSTEIN, CHAKRABARTI. Factors Influencing Innovation Success at the Project Level [J]. Research Management, 1976 (19): 20-27.

[78] COOPER. The dimension of new industryial product success and failure [J]. Market, 1979 (43): 93-103.

[79] 谢科范. 技术创新的风险因素及其实证分析 [J]. 科技进步与对策, 1999 (3): 56-58.

[80] 李晓峰. 企业技术创新风险测度与风险决策研究 [M]. 成都: 四川大学出版社, 2011.

[81] 石书德. 企业技术创新能力评价研究评述 [J]. 科技管理研究, 2013

(10): 13-16, 21.

[82] 胡恩华. 企业技术创新能力指标体系的构建及综合评价 [J]. 科研管理, 2001, 22 (4): 79-84.

[83] 马胜杰. 企业技术创新能力及其评价指标体系 [J]. 数量经济技术经济研究, 2002 (12): 5-8.

[84] 李琪. 企业技术创新能力评价指标体系及评价模型研究 [J]. 科学学与科学技术管理, 2004 (8): 96-100.

[85] 李向波, 李叔涛. 基于创新过程的企业技术创新能力评价研究 [J]. 中国软科学, 2007 (2): 139-142.

[86] 夏谦谦. 研发项目风险预警管理研究 [D]. 武汉: 武汉理工大学, 2007.

[87] 王丽娜. 企业技术创新风险传导过程及叠加效应研究 [D]. 北京: 北京工业大学, 2010.

[88] 陈劲, 陈钰芬. 企业技术创新绩效评价指标体系研究 [J]. 科学学与科学技术管理, 2006 (3): 86-91.

[89] 连燕华, 于浩, 等. 企业技术创新体系研究 [J]. 科技进步与对策, 2003 (10): 21-22.

[90] 明茨伯格. 卓有成效的组织 [M]. 魏青江, 等, 译. 北京: 中国人民大学出版社, 2007.

[91] 池仁勇. 企业技术创新效率及其影响因素研究 [J]. 数量经济技术经济研究, 2003 (6): 105-108.

[92] 黄颖, 王勉. 企业技术创新效率评估及战略选择 [J]. 科技进步与对策, 2012, 29 (20): 114-118.

[93] CHARNES, COPPER, RHODES. Measuring the Efficiency of DMU [J]. European journal of Operational Research, 1978, 2 (6): 429-444.

[94] BANKER, CHARNES, COOPER. Some Models for Estimating Technical and Scale Inefficiencies in Data Envelopment [J]. Management Science, 1984, 30 (9): 1078-1092.

[95] ANDERSEN, PETERSEN. A Procedure for Ranking Efficient Units in Data Envelopment Analysis [J]. Management Science, 1993, 39 (10): 1261-1264.

[96] COOPER, PARK, YU. IDEA and AR-IDEA: Models for dealing with imprecise data in DEA [J]. Management Science, 1999, 45: 597-607.

[97] HOSSEINZADEN, NAVABAKHS, TEHRANIAN, et al. Ranking bank branches with interval data: the application of DEA [J]. International Mathematical Forum, 2007, 2: 429 – 440.

[98] AZIZI. A note on data envelopment analysis with missing values: An interval DEA approach [J]. Int J Manuf Technol, DOI 10.1007/s001 – 012 – 4461 – 0.

[99] 周黔, 王应明. 区间DEA模型研究 [J]. 预测, 2001, 20 (1): 78 – 80.

[100] 郭均鹏, 吴育华. 区间数据包络分析的决策单元评价 [J]. 系统工程理论方法应用, 2004, 13 (4): 339 – 342.

[101] 郭均鹏, 吴育华. 区间数据包络分析的主客观求解 [J]. 天津工业大学学报, 2004, 23 (3): 77 – 79, 84.

[102] 孙娜, 李东平. 广义区间DEA模型及其有效性研究 [J]. 内蒙古大学学报 (自然科学版), 2014, 45 (2): 113 – 117.

[103] 郭均鹏, 吴育华. 超效率DEA模型的区间扩展 [J]. 中国管理科学, 2005, 13 (2): 40 – 43.

[104] 梁樑, 吴杰. 区间DEA的一种改进的充分排序方法 [J]. 系统工程, 2006, 24 (1): 107 – 110.

[105] 王平, 朱帮助. 基于区间超效率DEA的企业自主创新项目方案评价 [J]. 统计与决策, 2010 (24): 68 – 70.

[106] 王立新, 李勇等. 基于灰色多层次方法的企业技术创新风险评估研究 [J]. 系统工程理论与实践, 2006 (7): 98 – 104.

[107] 包国宪, 任世科. 基于模糊AHP的企业技术创新风险评价与决策 [J]. 科技管理研究, 2010 (1): 64 – 66.

[108] 汪新凡. 基于联系数的企业技术创新风险评价模型与应用 [J]. 技术与创新管理, 2007, 28 (2): 97 – 99, 102.

[109] 李晓峰, 徐玖平. 基于物元与可拓集合理论的企业技术创新综合风险测度模型 [J]. 中国管理科学, 2011, 19 (3): 103 – 110.

[110] 陈建新, 资明贵, 等. BP神经网络在企业技术创新风险评价中的应用 [J]. 科技管理研究, 2007 (10): 88 – 91.

[111] Universities-National Bureau Committee for Economic Research & Committee on Economic Growth of the Social Science Research Council. The rate and direction of inventive activity: Economic and social factors [M]. New Jersey: Princeton Univerity Press, 1962: 60 – 626.

[112] 马艳.论风险利益的内涵与特征[J].贵州工业大学学报(社会科学版),2000(6):36-39.

[113] 龚传洲.科技创新的风险收益分析[J].科技进步与对策,2012,29(3):10-13.

[114] 李兆友.技术创新主体论[M].沈阳:东北大学出版社,2001:52-61.

[115] 纪树立.科学知识进化论:波普尔科学哲学选集[M].上海:生活读书新知三联书店,1987.

[116] 冯玲,汪阳.行为金融应用于企业技术创新决策行为的研究[J].福州大学学报(哲学社会科学版),2007(2):40-44.

[117] 廉士乾,张力,等.人因失误机理研究及预防对策[J].南华大学学报(社会科学版),2007,8(6):46-49.

[118] 李鹏程,王以群,等.人误模式与原因因素分析[J].工业工程与管理,2006(1):94-99.

[119] GADDIS. The project manager [J]. Harvard Business Review, 1959, 37 (3): 89-97.

[120] AVOTS. Why does project management fail? [J]. California Management Review, 1969, 12 (1): 77-82.

[121] MC COY. Measuring Success: Establishing and maintaining a baseline [C]. Project management Institute Seminar/Symposium Montreal Canada. Sep. 1987, 47-52.

[122] PINTO. SLEVIN. Critical success factors across the project lifecycle [J]. Project Management Journal, 1988 (19): 67-75.

[123] TUMER. The handbook of project-based management [M]. McGraw-Hill, 1993.

[124] TUMAN. Success modeling: A technique for building a winning Project team [J]. Project management Institute Seminar/Symposium, 1986 (13/14/15): 85-93.

[125] WIT. Measurement of project management success [J]. International Journal of project Management, 1988 (63): 164-170.

[126] BERTALANFFY. General Systems Theory - Foundation, Development, Applications [M]. Revised Edition. New York: George Beaziller, Inc., 1969.

[127] 增广容,易可君,等. 系统论控制论信息论与哲学 [M]. 长沙:中南工业大学出版社,1988:8.

[128] 林福永,孙凯. 复杂网络关系流与行为关系定理——一般系统结构理论在复杂网络中的应用 [J]. 系统工程理论与实践,2007 (9):136–141.

[129] 刘少伟. 基于ISM的中小企业技术创新系统结构与运行机制研究 [D]. 合肥:合肥工业大学,2008.

[130] AI, ZHANG. System Structure Identification by Analyzing Elements Behavior Sequences with GRA-based ISM [C]. International Conference on Grey Systems and Intelligent Services, 2009: 1642–1646.

[131] 林福永,吴健中. 一般系统结构理论及其应用(Ⅰ)[J]. 系统工程学报,1997,12 (3):1–10.

[132] 林福永,吴健中. 一般系统结构理论及其应用(Ⅱ)[J]. 系统工程学报,1997,12 (4):11–20.

[133] 林福永. 一般系统结构模型的数学分析及其结果——若干一般系统原理与规律 [J]. 系统工程理论与实践,1998 (12):1–7,19.

[134] 宋华岭,刘全顺,刘丽娟,等. 管理熵理论——企业组织管理系统复杂性评价的新尺度 [J]. 管理科学学报,2003,6 (3):19–27.

[135] 李习彬. 熵——信息理论及系统工程方法论有效性分析 [J]. 系统工程理论与实践,1994 (2):15–22.

[136] 南屏. 管理"错误链"[J]. 21世纪商业评论,2009 (5):108–112.

[137] 牟焕森,郝玲玲. 创新失败的案例及其意义研究——新可乐创新失败的分析视角 [J]. 自然辩证法研究,2007,23 (10):57–61.

[138] 刘燕. 铱星童话破灭的教训 [J]. 江苏科技信息,2000 (5):6–7.

[139] 杜栋,庞庆华,等. 现代综合评价方法与案例精选 [M]. 2版. 北京:清华大学出版社,2008:2.

[140] 黄灏然,郭开仲,等. 多指标评价问题中指标值满意度判别研究 [J]. 科技管理研究,2013 (7):239–242.

[141] 邱菀华. 管理决策与应用熵学 [M]. 北京:机械工业出版社,2002:225–226.

[142] 郭开仲,黄继泽. 1%的错误导致100%的错误的系统机理及消避错方法研究 [J]. 广东工业大学学报,2008,25 (2):1–5.

[143] 肖东生. 组织错误理论研究的现状与趋势 [J]. 经济与管理研究,2008

(4): 23-27.

[144] 李万邦. 复杂社会技术系统组织错误分析及管理对策研究 [D]. 衡阳: 南华大学, 2008.

[145] 李鹏程, 肖东生等. 高风险系统组织因素分类与绩效评价 [J]. 中国安全科学学报, 2009, 19 (2): 140-147.

[146] MITTELSTAEDT. 关键决策——阻止错误链摧毁你的组织 [M]. 俞利军, 阎彬, 译. 北京: 中国人民大学出版社, 2007.

[147] 陈友芳. 亨利·福特的T型车与亨利·福特的悲剧——对20世纪技术创新史上一个重大案例的再分析 [J]. 自然辩证法研究, 2001, 17 (3): 30-34.

[148] 马建霞. 从失败中汲取创新的营养——日本JST失败知识数据库的建设理念及启示 [J]. 图书情报工作, 2006, 50 (9): 83-85, 139.

[149] REASON. Managing the Risks of Organizational Accidents [M]. Alders hot: Ash gate Pub Ltd, 1997.

[150] WANT. Safety performance measurement [C]. Rugby: Institution of Chemical Engineers, 1996: 99-106.

[151] KONSTANDINIDOU, NIROLIANITOU, KIRANOUDIS, et al. A fuzzy modeling application of CREAM methodology for human reliability analysis [J]. Reliability Engineering and System Safety, 2006, 91 (6): 706-716.

[152] DARWICHE. Modeling and Reasoning with Bayesian Networks [M]. Cambridge: Cambridge University Press, 2009.

[153] 李鹏程, 陈国华, 等. 一种整合组织因素的人因可靠性分析方法 [J]. 核动力工程, 2010, 31 (4): 82-86.

[154] RASMUSSEN, PEDERSEN, CARNINO. Classification system for reporting events involving human malfunctions [R]. Riso National Laboratories, RISO-M-2240, DK-4000, Roskilde, Demark, 1981.

[155] LIU, YUE, SU, et al. Probabilistic Representation and Approximate Ingerence of Type-2 Fuzzy Events in Bayesian Network with interval Probability Parameters [J]. Expert Systems with Applications, 2009, 36 (4): 8076-8-83.

[156] REN, JENKINSON, WANG, et al. An Offshore Risk Analysis Method Using Fuzzy Bayesian network [J]. Journal of Offshore Mechanics and Arctic Engineering, 2009, 131 (4): 1-12.

[157] 陈东宁,姚成玉. 基于模糊贝叶斯网络的多态系统可靠性分析及其在液压系统中的应用 [J]. 机械工程学报, 2012, 48 (16): 175-183.

[158] 马德仲,周真,于晓洋,等. 基于模糊概率的多状态贝叶斯网络可靠性分析 [J]. 系统工程与电子技术, 2012, 34 (12): 2607-2611.

[159] CLEMENS. Energy Flow/Barrier Analysis [M]. JACOBS/JE-8671, 2002.

[160] 任志新. 一般系统论在企业管理中的运用 [J]. 商场现代化, 2005 (3): 25-26.

[161] 刘世勇,郭开仲,等. 管理科学中的一个创新性研究——错误理论的提出、进展和展望 [J]. 管理学报, 2010, 7 (12): 1749-1758.

后　　记

历经艰辛，终于完成人生的第一部学术著作，心中感慨万千，难以言表。回顾研究的心理路程，有踌躇、困惑，甚至想放弃时的痛苦挣扎，也有为成功解决一个难题、研究成果得到认可时的开心快乐。在这个"痛并快乐着"的漫长过程中，我虽然度过一段苦行僧般的清心寡欲生活，但通过高强度地深入学习、思索、领悟和提升，也收获了完成最终目标的喜悦。此时此刻，我真实地感觉到一个人的力量是多么微小，任何事业/事情的成功，都离不开其他人的帮助，正所谓"众人拾柴火焰高"。本书能得以正式出版，同样得到了许多"同道人"的大力支持和帮助，在此表示衷心感谢！

作为我的恩师，郭开仲教授在我的成长过程中倾注了大量无私的心血。郭老师治学勤奋严谨，做事低调踏实，待人平易诚恳。郭老师以"授人以渔"的态度鼓励我不断去学习、不断去思考、不断去探索，使我逐步养成了严谨的学术作风；郭老师乐观豁达的人生态度潜移默化地影响着我，使我以平静的心态对待生活中的种种困难。仔细回想和郭老师相处的点点滴滴，可以深深地体会到恩师不仅在学术上为我指引，在生活上也给予了我最温暖的开导和帮助。在此，我向恩师郭老师致以最崇高的敬意和发自内心的谢意！

感谢在广东工业大学求学期间遇到的张光宇教授、张德鹏教授、刘洪伟教授、谢湘生教授、张成科教授、张毕西教授等。在本书的研究过程中，他们给予了许多建设性建议，他们的学者风范和诲人不倦的高尚师德是我孜孜追求的榜样；感谢与我一同在"郭家"求学问道的同门师兄弟姐妹们，在与他们讨论研究问题的时候，经常会获得灵感，得到启迪，这让我受益颇多，与他们相识是我的荣幸。他们是：闵惜琳、熊海鸥、黄继泽、周小平、胡胜强、朱怀念、黄灏然、骆达荣等博士。感谢中山大学出版社的金继伟编辑对本书出版给予的帮助，正是金编辑的动态跟踪、认真校对、协调处理各种事务，才使得本书按时顺利出版。

最后感谢家人给我的理解和支持，她们的无私付出和关爱永远是我前进的动力！

边云岗
2019 年 3 月于五邑大学